INVENTAIRE

FACULTÉ DE DROIT DE PARIS.

CAPACITÉ DE LA FEMME MARIÉE

EN DROIT ROMAIN.

CAPACITÉ DE LA FEMME SÉPARÉE DE BIENS

EN DROIT FRANÇAIS.

THÈSE POUR LE DOCTORAT

PAR

MAURICE DUPONT.

L'acte public sur les matières ci-après sera soutenu le vendredi
31 juillet 1874, à midi.

Président : M. LABBÉ, Professeur.

Suffragants :
J. VALETTE,
BONNIER,
BEUDANT,
} Professeurs.
GARSONNET, Agrégé.

PARIS,

HIPPOLYTE DEURBERGUE, IMPRIMEUR,

Boulevard de Vaugirard, 115.

1874

FACULTÉ DE DROIT DE PARIS.

CAPACITÉ DE LA FEMME MARIÉE

EN DROIT ROMAIN.

CAPACITÉ DE LA FEMME SÉPARÉE DE BIENS

EN DROIT FRANÇAIS.

THÈSE POUR LE DOCTORAT

PAR

Maurice DUPONT.

L'acte public sur les matières ci-après sera soutenu le vendredi
31 juillet 1874, à midi.

Président : M. LABBÉ, Professeur.

Suffragants : MM. VALETTE, BONNIER, BEUDANT, — Professeurs. GARSONNET, — Agrégé.

PARIS,

HIPPOLYTE DEURBERGUE, IMPRIMEUR,
Boulevard de Vaugirard, 115.

1874

A LA MÉMOIRE DE MA GRAND'MÈRE.

A MON GRAND-PÈRE.

A MA MÈRE.

INTRODUCTION.

En tout pays, et par la force même des choses, la condition de la femme au milieu de la société a été l'objet des préoccupations du législateur. La femme doit-elle être considérée comme un être inférieur qu'on peut équitablement priver des droits accordés à l'homme? ou faut-il que la loi, laissant de côté les différences physiques et morales qui existent de fait entre l'homme et la femme, consacre une complète égalité de droits entre eux? Enfin, entre ces deux extrêmes, tour à tour admis dans les mœurs ou dans les projets des philosophes, gardera-t-on le juste milieu? Tenant compte de différences qu'on ne peut supprimer, et prenant ces différences mêmes pour bases, assurera-t-on à la femme des droits justement dus, mais autres que les droits donnés à l'homme?

La question, déjà délicate dès ce premier aspect général de la condition de la femme, se complique d'un nouvel élément lorsque la femme se marie. La communauté de vie et d'intérêts, la présence et les droits

1

des enfants vont changer la situation de la femme;
ne devra-t-on pas dès lors modifier ses droits? Quelle
sera sa capacité dans cet état nouveau? Mais ce
cadre d'études serait trop large pour une simple
thèse. Laissant de côté la question générale de la
capacité civile de la femme, nous bornerons notre
examen à la capacité spéciale de la femme mariée.
Encore faut-il que les limites naturelles de ce travail,
déterminent dans ce second champ, lui-même si vaste,
une partie restreinte où s'arrêteront nos recherches.

La capacité de la femme mariée en droit romain, et
la capacité de la femme séparée de biens en droit français, tel est le double et spécial but de cette étude. Au
premier coup d'œil, le choix de ces deux sujets paraît
étranger à toute vue d'ensemble, non-seulement de la
matière générale, mais aussi de la partie à laquelle
elle se trouve limitée; il en serait ainsi si l'on n'indiquait ici d'abord le point de vue particulier où nous
nous placerons. Nous voulons montrer par quelles
transitions successives la femme mariée a pu passer,
quant au régime matrimonial, d'une dépendance absolue à l'indépendance presque entière.

Pour cela, nous n'étudierons pas en détail la condition de la femme mariée dans toutes les situations où
elle peut se trouver d'après le droit romain, mais tout
particulièrement la capacité de la femme soumise à la
manus.

Après avoir montré dans quelle dépendance elle était en ce cas placée à l'égard du mari, il faudra expliquer comment l'introduction de la dot consacra peu à peu l'indépendance de la femme. Laissant de côté les règles spéciales sur la dot, nous insisterons particulièrement sur la faculté accordée à la femme de ne constituer en dot qu'une partie de ses biens, et de conserver les autres à titre de paraphernaux.

Là, dans les droits de la femme sur ces derniers biens, se trouveront, comme en germe, les principes qui régiront plus tard l'administration permise à la femme séparée de biens.

Quant à ce dernier régime, sujet de l'étude du droit français, introduit d'abord par le droit romain et par notre ancien droit comme une ressource accordée à la femme contre l'indigence ou les dissipations du mari, il est enfin consacré par le Code civil, comme régime matrimonial, que les époux peuvent, au jour même du mariage et d'un libre accord, établir entre eux.

Ainsi, laissant de côté les autres régimes matrimoniaux, si l'on peut appliquer ce terme au droit romain, nous mettrons en regard la manus et la séparation de biens :

La *manus,* consacrant une sorte de communauté universelle entre le mari et la femme, par l'absorption entière des biens de la femme au profit du patrimoine du mari, ou plutôt du patrimoine commun de la famille, instituant entre les fortunes des époux la même union qu'entre leurs personnes, établissant pour la femme, à la mort du mari, le droit de partager la fortune de la maison avec les enfants, et au même titre qu'eux.

La *séparation de biens*, organisant la division entre les intérêts des époux, laissant les biens distincts, lorsque les personnes sont unies, consacrant plus que l'indépendance de la femme, consacrant son indifférence presque entière en ce qui touche le patrimoine du mari. Régime rationnel, quand il est un remède aux excès, à l'incapacité du mari, puisqu'il devient alors pour la femme une dernière ressource, sauvant sa fortune pour elle et pour ses enfants. Régime souvent exorbitant, quand deux époux l'établissent entre eux au jour du mariage, exorbitant par la défiance excessive qu'il témoigne de la part de la femme; plus soucieuse de ses biens que d'elle-même, elle refuse l'administration de sa fortune à celui auquel elle livre sa personne et sa vie entière. Toutefois, nous verrons plus d'un cas où la séparation contractuelle peut se justifier par de sérieux et justes motifs.

Telles sont les considérations générales qui nous guideront dans la suite de ce travail et serviront à éclairer, dans la limite de nos forces, un coin de cette vaste question : *la capacité de la femme mariée.*

DROIT ROMAIN.

DE LA CAPACITÉ DE LA FEMME MARIÉE.

PRÉLIMINAIRES.

La femme fut, dès l'origine de Rome, dans un état de dépendance perpétuelle, qui n'excluait pas une assez grande influence et une situation respectée dans la société; de même que le fils de famille resté en puissance de son père pouvait exercer ses droits de citoyen, avait accès aux plus hauts emplois, de même la femme en puissance ou en tutelle était honorée, écoutée dans les conseils de la famille; plus d'une fois même son influence s'étendit aux affaires publiques, et l'on ne peut oublier que deux des grandes révolutions de Rome, l'expulsion des rois et la chute des décemvirs, eurent l'une et l'autre pour cause le meurtre d'une femme.

Ce respect de la femme apparaissait dans le principe

même du mariage romain, la monogamie. Les Romains faisaient à la femme la même situation honorée que celle où l'avaient placée les races de l'Orient à l'époque patriarcale; mais ils se séparaient de celles-ci en repoussant formellement la polygamie.

La femme unique occupait un plus haut rang dans la famille, y conservait plus de dignité. A côté de ce principe, celui de l'indissolubilité du mariage venait ajouter un élément nouveau à la situation de la femme. En effet, quoique le divorce fût légalement permis, les mœurs publiques le repoussèrent longtemps, et ce ne fut qu'en l'an 523 que Carvilius Ruga donna le premier exemple de divorce; encore était-ce, dit-on, plutôt pour obéir à la religion du serment que par défaut d'affection, car les censeurs lui avaient fait jurer de se marier pour donner des citoyens à l'État (Aulu-Gelle, liv. IV, tit. 3, et liv. XVII, tit. 21), et il répudia une femme qu'il aimait, mais qui était demeurée stérile.

Cette haute idée de la femme mariée a inspiré à Modestin la belle définition du mariage, qui place l'épouse au même rang que le mari, son égale, son associée dans la vie et la fortune : *conjunctio maris et feminæ, consortium omnis vitæ, divini et humani juris communicatio* (l. I, D. 23, 2). Ainsi sera établi dès l'abord le principe sur lequel s'appuieront les règles de la situation propre à la mère de famille, à celle que les Romains distingueront de la concubine, par le nom vénéré de *materfamilias* ou de *matrona*. Dans cet état nouveau, la femme trouvera dans son mari un protecteur autant et plus qu'un maître. Elle n'est plus reléguée au fond du gynécée grec, mais assise dans l'*atrium*, au centre même de la vie intérieure, là où vivent le mari, les enfants, où le chef de famille reçoit ses clients et traite ses affaires privées, sous la protection des dieux lares, dont l'image abrite le foyer commun. Dès lors la femme associée à la fortune du mari, partageant son culte domestique, membre de sa famille, gagne en honneur ce qu'elle perd en indépendance ; confondant sa personnalité dans celle du mari, elle s'élève avec lui, et réalise l'union qu'elle s'est promise au jour du mariage, quand elle a prononcé ces mots qui rappellent les textes de la Bible : « *Ubi tu Gaius, ibi ego Gaia.* »

Mais cette absorption complète de la femme par le mari ne se réalisait pas toujours dans le mariage romain. Elle n'avait lieu que quand le mariage, contracté selon des cérémonies spéciales, avait donné au mari la *manus* sur sa femme. Disons maintenant qu'en dehors d'un tel mariage, la femme, tantôt restée en puissance de son père, tantôt demeurant *sui juris*, gardait une personnalité distincte de celle du mari, sauf à déterminer plus tard d'une façon précise les limites où s'arrêtait cette personnalité.

Ainsi donc, il faut tout d'abord distinguer le mariage avec manus du mariage sans manus, le second souvent appelé mariage libre, et voir ensuite quelles conséquences diverses résultent de ces deux situations. Sans doute l'une et l'autre donnent à la femme chez son mari la position honorée que nous avons reconnue à la femme légitime, mais nous aurons à rechercher en quoi elles diffèrent ou se ressemblent, tant par rapport à la personne de la femme que par rapport à ses biens.

C'est seulement après avoir ainsi étudié d'un côté la manus, de l'autre le mariage libre, que nous montrerons la dot s'introduisant peu à peu dans tous les mariages, faisant disparaître la manus, et consacrant à la longue, avec le mariage libre, et à l'abri des constitutions impériales, ce que nous appellerions, s'il se pouvait, le régime dotal du droit romain.

PREMIÈRE PARTIE.

DU MARIAGE ENGENDRANT LA MANUS.

DÉFINITIONS.

La *manus*, institution propre au droit romain, est un pouvoir d'une nature spéciale, auquel les femmes seules peuvent être soumises. Il existait deux espèces de manus. La première, la *manus fiduciæ causa* pouvait appartenir soit à un membre de la famille de la femme, soit à un étranger, soit au mari ; elle avait pour but de permettre à la femme *sui juris* de changer de tuteur, ou de lui ouvrir la faculté de tester, en lui faisant subir une *capitis deminutio* (G., Comm. I, § 114 et suiv.). Mais cette première manus se rapporte à la capacité civile de la femme en général, et non à la capacité spéciale de la femme mariée: il n'y a donc pas lieu de s'en occuper spéciale-ment ici; nous en dirons pourtant quelques mots plus loin. Celle que nous devons étudier est la *manus ma-trimonii causa*, qui avait pour but, comme on le verra, de faire passer la femme mariée, en puissance de son mari, ou en puissance du *paterfamilias* du mari (G., *cod. loco*).

Nous examinerons successivement dans cette partie quelles sont les conditions exigées pour que le mari ait la manus sur sa femme, et quels effets produit cette manus, tant sur la personne que sur les biens de la femme.

CHAPITRE PREMIER.

DES CONDITIONS EXIGÉES POUR LA MANUS.

Ces conditions peuvent se grouper en deux classes : la première qui comprend les conditions de forme, c'est-à-dire les modes d'acquisition de la manus, les autres qui ont trait au consentement que doivent donner soit la femme, soit les parents de la femme, pour que la manus existe.

La manus peut être acquise par trois modes différents, à chacun desquels sera consacré un paragraphe spécial : la *confarreatio*, la *coemptio*, l'*usus*.

§ 1. *Confarreatio*.

La *confarreatio* était une cérémonie solennelle et sacrée, qui se faisait devant les pontifes, et qui était une de ces nombreuses formes mêlées de symboles, dont le droit romain entoura à l'origine les actes de la vie civile. Il serait assez difficile de reconstituer aujourd'hui l'ensemble de la solennité, et les traits épars que l'on trouve dans les auteurs à ce sujet ne peuvent guère donner que des probabilités sur les gestes et paroles des parties.

Cette absence de renseignements tient à ce que la confarreatio, tout en subsistant en droit, est devenue de jour en jour d'un usage moins fréquent chez les Romains, et ne s'emploie plus guère à l'époque des auteurs dont les écrits nous restent. Ainsi Tacite nous apprend (*Ann.*, IV, 16) que, sous Tibère, il était déjà difficile de trouver parmi les patriciens trois de ces enfants qu'on nommait *patrimi* et *matrimi*, c'est-à-dire nés de parents *confarreati*, unis par un mariage accompagné de confarréation. L'historien latin donne les motifs qui expliquent la rareté de ce mode : incurie des époux, cérémonie gênante, indifférence religieuse, sans compter la désuétude où tombait peu à peu la manus, comme nous le verrons plus loin.

Quoiqu'elle devînt ainsi de plus en plus rare, la confarreatio ne persista pas moins jusqu'aux derniers temps de la manus, au moins pour les mariages des pontifes, car ceux-ci ne pouvaient se marier qu'en cette forme. Gaius en parle encore à l'occasion de ces mariages (G., Comm., I, § 112).

Le même passage rappelle les traits principaux de la cérémonie : un pain de farine, *far*, y figurait;

tous les auteurs en parlent. L'émiettait-on sur la tête de la victime, comme faisaient les Grecs et les Romains dans leurs sacrifices, selon ce que nous apprend Festus? les époux se partageaient-ils ce pain pour le manger, comme en une sorte de communion? Un texte de Denys d'Halicarnasse porterait à adopter cette dernière idée. Les deux hypothèses, d'ailleurs, ne s'excluent pas l'une l'autre.

En présence de dix témoins, des paroles solennelles étaient prononcées, que les auteurs ne nous ont pas transmises (Ulp., *Reg.*, t. IX); le grand pontife ou le flamine de Jupiter présidait la cérémonie.

Enfin Servius (in *Æneid.*, IV, 374) dans ses remarques sur Virgile, complète cette description pour le cas de mariage d'un flamine. Le prêtre et sa femme s'asseyaient sur la peau de la brebis offerte en sacrifice, la tête voilée; un coup de tonnerre complaisant, ou peut-être machiné par les pontifes, interrompait la cérémonie.

La persistance des auteurs à parler de la confarréation à propos du mariage des pontifes, les priviléges que nous allons voir découler de cette forme spéciale ont soulevé la question suivante : Le mariage par confarréation fut-il exclusivement réservé aux patriciens, ou bien était-il un mode que les deux ordres de citoyens purent employer dans leurs mariages?

La confarréation, il est vrai, était un mode exigé pour le mariage des flamines majeurs, ceux de Jupiter, de Mars, de Quirinus (G., Comm. I, § 112); il est vrai encore que ces dignités étaient le privilége exclusif des patriciens (Tac., *Ann.*, IV, 16); mais doit-on tirer de là la conclusion générale que les patriciens se pouvaient employer la confarreatio? Plusieurs auteurs l'ont prétendu. On pourrait leur objecter que la confarreatio était le mode employé pour le mariage de tous les pontifes, et que nous trouvons au sixième siècle de Rome des noms plébéiens sur la liste des pontifes. Vers l'an 500, le plébéien Tiberius Coruncanius fut Grand Pontife. Les textes des auteurs latins ne contiennent rien qui indique positivement que les patriciens seuls pussent employer la confarreatio. Lorsque Gaius (Comm. I, § 110) indique les modes d'acquisition de la manus, il met sur le même rang, sans aucune distinction, la confarréation, l'usage et la coemption, ces deux derniers modes assurément accessibles aux plébéiens. Il est probable qu'à l'origine la confarréation ne fut employée que dans les mariages patriciens; mais rien n'empêche de supposer que plus tard elle fut ouverte aux plébéiens. Il est d'ailleurs possible que, dès le commencement de cette seconde époque, ce mode fut déjà devenu d'un usage assez rare, et ne fut plus employé que dans les cas où il était indispensable; ce qui expliquerait comment, dans les exemples cités par les auteurs, la confarreatio paraît s'appliquer exclusivement à tels ou tels mariages.

Quoi qu'il en soit, la confarreatio produit des effets spéciaux, qui ne résultent pas des autres modes d'acquisition de la manus : elle donne au mari l'aptitude à certaines fonctions publiques; les pontifes devaient être mariés par confarréation. (Tac., *Ann.*, IV, 16.)

Elle entraînait entre le mari et la femme la communion des choses sacrées. Nous avons vu donner aux enfants issus d'un mariage par confarréation les noms de *patrimi* et de *matrimi*. Seuls, les Romains qui avaient une pareille origine pouvaient être nommés flamines majeurs; on choisissait les vestales parmi les mêmes enfants (Aul.-Gel., I, 12). Ils avaient aussi le privilége, moins important, de figurer dans certaines cérémonies (Tac., *Hist.*, IV, 53), entre autres dans celles du mariage; ils accompagnaient, revêtus de la robe prétexte, la nouvelle épouse à la maison du mari; l'un d'eux portait en avant du cortége une torche d'épine. (Festus, v° *Patrimi*.)

Doit-on ranger dans les effets du mariage par confarréation l'indissolubilité du lien conjugal? Il est certain que le mariage contracté par le flamine de Jupiter était indissoluble; il est certain, d'un autre côté, que ce mariage était toujours accompagné de confarréation; mais cela veut-il dire que les deux règles dérivent l'une de l'autre, et que l'indissolubilité du mariage soit la conséquence même de la confarréation.

Dans le passage où Aulu-Gelle parle de l'impossibilité de rompre le mariage du flamine (*Nuits att.*, X, 15, § 20), il ne fait aucune allusion à la confarréation. En tout cas, si l'on devait, en ce cas spécial, attribuer ce résultat à la confarréation, ce ne serait pas un motif pour admettre, en général, que tout mariage contracté avec confarréation était indissoluble. La meilleure preuve qu'on puisse donner contre cette opinion, c'est qu'il existait chez les Romains un mode spécial de dissoudre les mariages, où l'on avait employé la confarreatio, c'était la diffarreatio, cérémonie sans doute du même genre que la confarréation, d'après le principe romain que les liens de droit se dissolvent par un mode semblable à celui qui a servi à les former.

§ 2. *Coemptio.*

A côté de la forme solennelle de la confarreatio, un mode plus simple, la coemptio, fut donné au mari pour acquérir la manus sur sa femme.

Dans la confarreatio, la femme placée au même rang que l'homme participe avec lui, comme son égale, aux cérémonies sacrées, en accomplissant les mêmes formalités. Rien ne fait sentir ici l'état de dépendance dans lequel va tomber l'épouse, et l'absorption de sa personnalité par celle du mari se cache sous les formes du sacrifice offert en commun.

Dans la coemptio, la puissance que le mari va acquérir se révèle dans la forme même de ce mode. C'est par une vente d'une espèce particulière que la femme va entrer dans la famille du mari ; elle est achetée par lui, *empta*. En présence de cinq témoins, citoyens romains pubères, la femme doit comparaître : le libripens est là, comme dans une mancipatio (G., Comm. I, § 113); là aussi se trouve le mari, s'il est *sui juris*, car c'est lui qui va acquérir la manus; au lieu du mari, c'est son *paterfamilias* qui figurera dans la cérémonie, si le mari est *alieni juris*, car c'est au chef de famille qu'appartiendra la manus. La femme n'entre pas tant en puissance du mari que dans la famille de celui-ci; elle est vendue à cette famille : de là le point de départ des doléances sur la triste condition de la femme *in manu*. Là, dans cette humiliante cérémonie, on voit le présage de l'état obscur et dégradant où l'épouse va tomber. Nous avons déjà indiqué, nous répéterons plus loin que nous ne partagions pas ce point de vue. La forme, en réalité, ne faisait rien à la vraie situation de la femme, pas plus que les ventes par lesquelles on parvenait à l'émancipation de l'enfant ne l'humiliaient et ne le dégradaient.

D'ailleurs, on pourrait peut-être trouver, dans les formalités mêmes de la coemption, un trait qui y placerait à lui seul la femme dans une situation très-digne.

On a soutenu, en effet, que la vente appelée *coemptio* était l'œuvre de la femme elle-même. Ce n'est pas son tuteur qui la vend, si elle est *sui juris;* celui-ci figure, il est vrai, dans la vente, mais il n'est pas le vendeur; s'il y assiste, c'est qu'il doit donner son consentement à la *conventio in manum,* c'est que la femme ne peut sortir de sa propre famille, et porter sa fortune à la famille de son mari, sans l'autorisation de son tuteur, qui protége les droits des agnats de la femme.

Si le père de la femme *alieni juris* vient aussi donner son consentement, c'est pour des motifs analogues : il ne peut être dépouillé de sa puissance paternelle sans son aveu ; mais ici encore ce n'est pas lui qui vend, c'est toujours la femme qui se vend. Ce libre arbitre, cette initiative personnelle réservée à la femme dans la solennité, suffirait à en relever le caractère à son égard, pour ceux qui attribuent à ces formes plus d'importance peut-être qu'il ne faudrait.

Pour décider que la femme se vend elle-même, on peut s'autoriser du passage ou Gaius relate les formes de la coemptio; on y voit figurer, outre les personnages de la mancipation, la femme et celui qui acquiert la manus; le texte latin les met seuls en présence l'un de l'autre pour faire la *conventio in*

2

manum : « Præter mulierem eumque cujus in manum convenit (G., Comm. I, § 113).

Mais il y a plus : on peut encore trouver dans la solennité de cette vente, en apparence humiliante, quelque chose de l'égalité entre le mari et la femme, qui paraît ressortir des formes de la confarréation. L'opération, en effet, n'était-elle pas double, et la femme n'était-elle pas censée acheter le mari, comme celui-ci l'achetait elle-même? On invoque à l'appui de cette opinion un texte de Nonius (*de Proprietate*) : la femme y est représentée munie de trois as; l'un déposé dans sa chaussure est destiné à être offert aux dieux lares du foyer conjugal, dont elle achète ainsi la protection. La fiancée portait le second as dans une bourse, et devait le déposer au carrefour voisin du domicile conjugal, sur l'autel qu'on y dressait, pour acheter, dit Heineccius, l'entrée de la maison. Enfin, et c'est le point qui nous importe, le troisième as demeure dans la main de la femme, jusqu'au moment où elle le remet au mari: « Tunquam emendi causa. » Pour acheter quoi ? Le mari sans doute, a-t-on conclu, et de là l'opinion que l'achat était réciproque entre la femme et le mari. Mais le texte cité se rapporte à tous les mariages, et non-seulement à ceux où il y a coemptio. Ces trois as et leur distribution paraissent donc être plutôt une des nombreuses cérémonies, un des symboles du mariage, qu'une partie intégrante de la coemption.

On a enfin trouvé une preuve de la réciprocité dans un passage de Boëce (*Comm. des Topiques de Cicéron*, 2) et dans la similitude des paroles que prononçaient dans la coemption les futurs époux : « Veux-tu, dit l'homme, être ma mère de famille ? » Réponse affirmative. « Veux-tu, dit la femme à son tour, être mon père de famille ? — Je le veux. » Peut-on sérieusement conclure de là à une coemption mutuelle ?

Les paroles ainsi attribuées aux époux montrent seulement que l'on ne prononçait pas dans la coemptio les mêmes paroles que dans la mancipation : « *Hunc ego hominem ex jure quiritium meum esse aio, isque mihi emptus est hoc ære æneaque libra,* » différence qui se comprend bien, puisque la femme allait se trouver *in manu*, et non pas *in causa servili.*

Rien n'est donc moins certain que cette réciprocité.

C'est trop s'arrêter assurément sur des questions de forme : qu'elles fussent le présage de la condition d'abaissement où la femme allait se trouver sous la puissance du mari, c'est ce que nous ne saurions accepter, puisque la situation sera la même, que la femme soit *in manu* par coemptio, ou qu'elle le soit par confarréation ; on sait d'ailleurs déjà qu'au fond, si dépendante que fût cette condition, elle n'en était pas moins honorable et honorée, et n'avait rien de dégradant.

Un dernier mot : l'achat de la femme fut en usage

chez tous les peuples, à l'origine. Cette forme n'eut pourtant aucune influence sur les situations si diverses que ces peuples firent à la femme mariée ; nous rappellerons seulement que les tribus patriarcales de l'Orient pratiquaient cette coutume, et que la femme n'en était pas moins respectée et écoutée chez elles. Ne voyons-nous pas encore de nos jours, en pleine civilisation, l'époux remettre à sa fiancée, au moment du mariage, une pièce de métal gravée ; en conclurait-on à un achat, à un symbole de la position future de la femme ?

Voici la coemptio achevée ; les époux, précédés du cortége, vont à la porte de la maison : le fiancé s'arrête et demande à la femme : « Qui es-tu ? — Ta femme, » répond-elle en une formule consacrée, aussi poétique qu'ancienne. « Ubi tu Gaius, ibi ego Gaia. » D'où viennent ces mots : Gaius, Gaia ? Viennent-ils du grec γαμος, noces ? Devrait-on dire Caius, Caia, en souvenir de la belle-fille de Tarquin, type légendaire de la bonne épouse ? (Festus, v° *Gaia*). Qu'importe ! Ces paroles n'en sont pas moins l'expression de l'union qui commence, et consacre une communauté universelle entre eux.

Nous nous sommes demandé si la confarréation avait été réservée aux seuls patriciens. Ceux qui professent cette opinion attribuent comme conséquence l'usage de la coemption aux mariages plébéiens. C'est encore le champ des probabilités. L'histoire seule nous répond que la confarreatio cessa avant la coemptio d'être d'un emploi général, et n'apparut plus que dans les mariages des pontifes. Ainsi se généralisa la coemption dans tous les mariages engendrant la manus.

§ 3. *Usus.*

Gaius, dans son premier commentaire (§ 111), nous parle ainsi du troisième mode d'acquérir la manus : « La femme passait *in manum* par une année de cohabitation continue ; car elle était alors comme usucapée par une possession annale. Aussi la loi des Douze Tables avait-elle décidé que la femme qui ne voulait pas tomber *in manum mariti* devait chaque année s'absenter trois nuits, et interrompre ainsi l'usucapion. » Deux points sont donc à noter : acquisition de la manus par l'usus, possibilité pour la femme d'interrompre l'usucapion par une absence de trois nuits, répétée chaque année. En rapprochant ce passage de Gaius d'une citation d'Aulu-Gelle (*Nuits att.*, liv. III, ch. ii) et d'un texte de Macrobe (*Saturnal.*, I, 3), on a essayé de reconstituer le texte disparu de la loi des Douze Tables, à propos de l'usus de la femme. Ce texte devait se trouver dans la Table VI *De dominio et possessione,* immédiatement après l'usucapio des choses immobilières et mobilières. La femme, comme assimilée à ces dernières, est usucapée par la possession continue d'un an. Quel blâme, dit-on encore, doit subir la loi romaine, pour ce rapprochement outrageant? N'insistons pas : Gaius reconnait que les lois comme les mœurs avaient, longtemps avant lui, aboli ce mode de l'usus; mais demandons-nous si les mœurs et les lois qui le firent plus tard tomber en désuétude l'avaient consacré dès l'origine. Question historique importante, car elle n'est qu'une partie de cette question plus vaste : Le mariage engendra-t-il nécessairement, dès l'origine de Rome, la *manus mariti?* En effet, si l'usus a toujours existé, tout mariage a entraîné la manus ; car, en supposant que l'on n'eût employé ni la confarréation, ni la coemption, le mari acquérait toujours plus tard la manus qu'il n'avait pas eue d'abord, par la possession continue d'une année. Et s'il en était ainsi, il n'y eut pas à l'origine de mariage libre en droit romain. On pourrait cependant répondre que, dans le cas même où l'usus eût été contemporain des premiers mariages, il pouvait encore y avoir mariage libre, quand la femme interrompait l'usucapion maritale par une triple absence nocturne. Mais c'est encore là une question qui vient s'enchevêtrer dans les deux autres : l'interruption d'usus autorisée par la loi des Douze Tables, la *trinoctii usurpatio,* fut-elle une innovation de cette loi, ou ne fut-elle que la consécration d'une règle antérieure?

Il y aurait donc deux hypothèses dans lesquelles le mariage libre aurait pu exister à l'origine, soit que l'usus n'eût pas existé dès les premiers temps de Rome, soit que, l'usus ayant toujours été admis, on eût en même temps admis la *trinoctii usurpatio*. Le passage de Gaius ne prouve que deux choses : d'un côté, que l'usus produisait la manus avant la loi des Douze Tables ; mais depuis quel temps ? De l'autre, que l'*usurpatio trinoctii* fut admise par la loi des Douze Tables ; mais l'était-elle auparavant ?

Il est plus facile de poser ces questions que de les résoudre, et les textes sont vraiment trop insuffisants pour qu'on risque autre chose que des conjectures.

Voici, toutefois, les différents systèmes exposés par les commentateurs.

Un premier veut qu'à l'origine le mariage libre fût inconnu : la manus était la suite inévitable du mariage, soit à la suite d'une confarréation ou d'u coemption, soit par l'effet de l'usus. En outre, l'usucapion ne pouvant être interrompue, avant la loi des Douze Tables, rien n'empêchait la manus de s'établir. Les termes qu'emploie Gaius font, en effet, supposer que la *trinoctii usurpatio* fut une innovation de la loi des Douze Tables : « *Lege XII Tabularum cautum erat, ut.* » C'était donc une faculté accordée par cette loi ; quant à l'usus, cette loi ne l'établit certainement pas, mais introduisit seulement le moyen de l'interrompu; ce qui suppose l'usucapion antérieur aux Douze Tables. Jusqu'ici les textes servent de guide. Ce système serait complet si l'on pouvait établir que l'usus a toujours existé, non-seulement avant les Douze Tables, mais encore aux premiers jours de Rome. Voici comment on peut soutenir que l'usus fut contemporain des deux autres modes. Les auteurs ne séparent pas ces trois modes, et si l'on n'a pas de texte positif pour affirmer qu'il a existé toujours, rien non plus dans les auteurs ne peut faire supposer qu'il a été établi à une époque spéciale.

D'ailleurs, s'il est une époque où les Romains aient dû le plus vraisemblablement adopter cette coutume grossière, c'est aux premiers temps de leur histoire ; des trois modes, c'est le plus simple, le plus primitif, si j'ose dire, le plus en accord avec une civilisation naissante.

Aussi le voyons-nous disparaître avant les autres ; c'est la réprobation publique qui en amène la désuétude, avec le progrès des mœurs. Il est moins étrange, au temps où la puissance du chef s'exerce sans limites et sans contrôle sur la famille, il est moins étrange de voir la femme acquise par l'usage comme une chose, que de la voir plus tard encore soumise à la manus par la coemption.

Dans son étude sur la condition privée de la femme, M. Gide regarde comme probable qu'aux premiers

siècles de Rome la *manus mariti* était la suite inévitable du mariage. Il n'appuie pas toutefois cette opinion sur ce fait, que l'usus aurait toujours été admis,
mais sur ce que le mariage a dû être, dès l'origine,
accompagné de coemptio ou de confarréation : « L'antiquité, dit-il, de l'origine (du mariage avec manus)
se révèle dans les formes particulières qui l'accompagnent. » En effet, la confarréation a son analogue
dans le mariage sacré que les seuls brahmines pouvaient contracter, dans la législation indienne.

Dans le mariage grec, dix φρατροφες recevaient
l'épouse, comme dans la confarréation figurent les dix
témoins représentants des gentes de la curie. Il est
surtout vrai que, dans l'antiquité, le mariage par
vente fut partout en usage. Manou l'abolit dans l'Inde
(Manou, IX, 46), Moïse dans la Palestine (*Deutéronome*, XXI, 14), les législateurs romains n'en gardent
que la forme, les Chinois le conservent encore dans
quelques cas. Il est donc bien à croire que le mariage
par vente fut le plus anciennement connu à Rome, et
qu'ainsi la manus fut la suite nécessaire de tout mariage.

Ce système viendrait donc à l'appui de cette thèse
générale : la manus fut à l'origine la conséquence de
tout mariage; il se séparerait seulement du premier
en ce que celui-ci fait découler la manus inévitable de
l'usus adopté dès l'origine, tandis que M. Gide en voit

la cause dans l'emploi constant de la coemption aux premiers temps de Rome. Il faudrait alors reconnaître que l'usus n'existait pas lui-même dans ces premiers temps, car, si la coemption accompagnait alors toujours le mariage, l'usus était inutile pour acquérir au mari une puissance qu'il avait déjà. L'usucapion de la femme n'aurait donc fait son apparition qu'à l'époque où la coemptio devint facultative,

On aurait eu ainsi deux périodes : 1° coemption obligatoire, ou tout au moins toujours employée; 2° coemption facultative et apparition de l'usus. En tout cas, dans la première période le mariage libre eût été inconnu; dans la seconde période, le mariage libre aurait existé, d'abord dans l'intervalle écoulé jusqu'à l'usucapion, ensuite il aurait continué ou il n'aurait pas continué de régir les rapports des époux, suivant que la *trinoctii usurpatio* aurait été ou non admise en même temps que l'usus. Comme, en définitive, le texte de Gaius paraît bien clair pour décider que l'interruption ne fut permise que depuis la loi des Douze Tables, le mariage libre n'aurait existé qu'à partir de cette époque; jusque-là, soit coemptio d'abord, soit usus plus tard, la manus aurait été inévitable, sauf le temps nécessaire pour l'acquérir par usus.

Ceux qui prétendent que le mariage libre a existé dès l'origine peuvent invoquer d'abord l'absence de tout texte déclarant la manus nécessaire, et l'emploi de l'un des trois modes indispensable; les textes disent bien ce qu'il faut faire pour que la manus existe, mais c'est tout (il est évident qu'ils ne peuvent, à propos des modes d'acquérir la manus, affirmer qu'elle peut ne pas exister). D'ailleurs; ajouterait-on, dans ce système, pour ceux qui admettent que la manus résultait toujours, non d'une coemptio qu'on pouvait éviter, mais seulement d'un usus qui s'était dès l'abord imposé à tout mariage, il est une situation où ils doivent reconnaître que le mariage était libre, c'était lorsque la femme était *sui juris* au moment du mariage, et qu'il n'y avait eu ni coemptio, ni confarreatio.

Dans ce cas, en effet, l'usus était impossible, car la femme *sui juris* ne pouvait tomber en puissance du mari sans le consentement de son tuteur. Nous verrons plus tard pourquoi. Or le consentement du tuteur ne pouvait être accordé pour l'usus : l'*auctoritas tutoris* se donne dans l'acte même, par la présence du tuteur; le consentement ne pouvait donc s'appliquer au fait continu de la cohabitation annale qui engendrait la manus par usucapion.

Donc, lorsque la femme *sui juris* n'avait fait ni coemption, ni confarréation, elle ne pouvait être soumise à la manus. On ajoute qu'en admettant l'usus à l'origine il y aurait encore eu mariage libre dans l'intervalle écoulé entre les noces et la fin de l'année de possession. C'est pourquoi le système de M. Gide, qui fait résulter la manus inévitable d'une coemption toujours employée, est préférable à celui qui la fait découler de l'usus admis dès les premiers temps, car ni l'un ni l'autre des cas précédents de mariage libre ne peut exister avec la coemptio qui accompagne toujours le mariage.

En dehors de ces deux systèmes radicaux, d'autres hypothèses ont été imaginées; je dis hypothèses, parce qu'elles ne s'appuient que sur des considérations plus ou moins exactes, tandis que le premier système exposé débute au moins par l'analyse d'un texte. Disons un mot de ces conjectures. Elles n'ont pas trait d'ailleurs à la question principale, car elles supposent admis que le mariage entraînait toujours la manus avant la loi des Douze Tables : elles ont pour but de définir le rôle de la *trinoctii usurpatio* introduite par cette loi.

Suivant la première conjecture (Volowski, *Rev. de Législ.*), cette règle nouvelle n'aurait été introduite que dans l'intérêt des patriciens, et pour empêcher qu'une femme patricienne ne fût *in manu* d'un mari plébéien. Malheureusement cette opinion ne peut se soutenir que par une suite d'assertions contraires aux données historiques que nous possédons. L'auteur commence par dire que la rédaction des Douze Tables fut obtenue par une révolution aristocratique. Elle fut au contraire un des triomphes importants de la plèbe, poursuivant la publicité et l'égalité, pour les deux ordres, des lois de la République. Mais, laissant cette objection de côté, on dit qu'avant les Douze Tables le connubium entre patriciens et plébéiens n'était pas défendu par les lois, mais seulement par les mœurs. La *trinoctii usurpatio* aurait donc permis à la femme patricienne, mariée, malgré l'usage et l'opinion publique, à un plébéien, de se soustraire à la *manus*.

Cette seconde déduction se réfute par un double argument : d'abord il est de croyance historique que le connubium fut dès l'origine légalement défendu entre les deux ordres du peuple ; ensuite la onzième Table interdit formellement ce mariage.

A ce second argument, on répond que les deux dernières Tables furent publiées séparément après les dix autres, et qu'au moment où les premières parurent, et où fut établie la *trinoctii usurpatio*, le connubium n'était encore défendu que par la coutume. Mais tout cela ne repose sur aucune donnée précise et contredit les idées reçues. Comment supposer que cette prohibition célèbre du connubium, si marquante dans l'histoire romaine, date de la loi des Douze Tables (305 de Rome) pour être levée quatre ans plus tard par la loi Canuleia (an 309).

Il faut donc tenir pour certain que la *trinoctii usurpatio* fut commune aux plébéiens et aux patriciens, et

qu'elle servit en tout mariage à interrompre l'usucapion de la femme.

La seconde conjecture admet la manus nécessaire et
croit en outre que l'usurpation de l'usus existait avant
les Douze Tables. Cette loi aurait seulement fixé le
temps nécessaire pour l'interruption, les trois nuits
d'absence. Le motif de cette opinion, c'est que toute
usucapion repose sur une possession continue, et qu'il
a dû toujours suffire à la femme d'interrompre la possession annale pour échapper à la manus. Il en était
ainsi de l'usucapion des meubles ; donc c'était admis
pour la femme. Cette analogie est une simple hypothèse.

Enfin un dernier système, plus radical que tous les
autres, regarde la manus comme une suite nécessaire,
non-seulement des formes de mariage usitées dans les
premiers temps, mais du mariage lui-même.

On lui répond : l'usus est la meilleure preuve que
mariage et manus sont deux choses distinctes, puisque,
dans l'intervalle qui s'écoule entre le mariage et l'usucapion accomplie, il n'y a pas de manus.

Voici la clôture de cette discussion, dont la seule
base sérieuse est le texte de Gaius déjà cité. La coemption a sans doute été employée dès le début, entraînant
la manus ; ainsi, en fait, tout mariage produisait cet
ffet ; mais il fut sans doute possible d'omettre les
formes qui entraînaient la manus. On peut soutenir

cette probabilité, et voici comment. La coemptio, toujours usitée en fait, n'était pas cependant imposée par les lois ; il y aurait donc eu des mariages sans coemption, partant sans manus; cet état dut choquer les idées des premiers Romains, sur l'omnipotence du chef de famille ; il fallait à cette époque qu'il absorbât tout ce qui l'entourait, la femme comprise ; on para au défaut de la manus par coemptio au moyen de l'usus. Puis les idées d'indépendance de la femme s'introduisirent peu à peu, ce qui amena les décemvirs à établir la *trinoctii usurpatio*. Ainsi l'usus n'aurait pas existé dès l'origine et il n'y aurait eu mariage libre que dans les cas plus que rares où la coemptio n'aurait pas été employée.

§ 4. *Consentement donné à la* CONVENTIO IN MANUM.

Au temps où la manus existait, la femme non mariée était toute sa vie dans un état de dépendance : était-elle fille de famille, elle était *in potestate patris ;* était-elle *sui juris*, elle demeurait en tutelle de ses agnats. Quand la femme se mariait, la manus enlevait au père sa puissance, ou aux agnats leur fonction ou plutôt leur droit de tutelle. On ne pouvait donc se passer de l'un ou des autres dans la *conventio in manum*. Il faut distinguer avec soin cette convention du mariage lui-même. Pour le mariage de la fille de famille, le consentement du père était requis ; mais la femme *sui juris* pouvait choisir un mari sans consulter ses tuteurs, sans obtenir leur approbation. En effet, l'autorité du tuteur agnat s'étend sur les biens, et non sur la personne de la femme. Donc le mariage en lui-même, tant qu'il ne change pas la situation pécuniaire de la femme, est indifférent à son tuteur.

Ce ne sera donc pas le tuteur, qui assistera la femme, lorsque celle-ci voudra se choisir un mari ; ce sera un conseil de famille. Pour le décider ainsi, nous avons d'abord le principe général qui vient d'être indiqué ; on y peut ajouter un passage de Tive-Live (*Hist.*, IV, 9). La mère et les tuteurs d'une jeune fille se disputent le choix de son mari : le magistrat décide *secundum parentis arbitrium*.

On pourrait encore invoquer l'analogie avec le patron, tuteur légitime de son affranchie ; celle-ci pouvait se marier sans le consentement du patron, puisque celui-ci exigeait d'elle le serment de ne pas se marier malgré lui ; ce qui suppose que sans ce serment son choix était libre.

Il n'en est plus ainsi quand il s'agit de la *conventio in manum*. La manus va mettre la femme dans la famille de son mari en la faisant sortir de la sienne, et si les cohéritiers de la femme *in potestate* ont tout intérêt à ce changement, qui leur laisse dans son intégrité le patrimoine commun, les agnats de la femme *sui juris* se trouvent dépouillés, par la *conventio in manum*, de tout droit présent et futur sur ses biens.

Aussi le consentement de l'agnat tuteur est indispensable. Ainsi, pour qu'il y ait manus, consentement du père, ou du tuteur, suivant les circonstances. Nous avons vu toutefois qu'il ne pouvait être question d'autorisation du tuteur, dans-le cas où la manus devait être acquise par l'usus : l'usus étant impossible pour la femme *sui juris*, précisément parce que le tuteur ne pouvait en ce cas donner d'autorisation; d'où nous avons conclu que les femmes *sui juris* ne tombaient pas *in manum* par l'effet de l'usus,

Faut-il le consentement de la femme? Assurément, si elle est *sui juris;* son tuteur ne pouvait disposer de ses biens sans elle, sans son assentiment. Mais, si elle est fille de famille, le père doit-il obtenir son consentement, ou peut-il, sans elle, malgré elle, la donner *in manu* au mari? Peu de chose pour justifier l'une ou l'autre de ces deux solutions. On pourrait dire à l'appui de la seconde que le père qui avait l'intégrité de la puissance sur sa fille devait pouvoir la céder à qui bon lui semblait; de même que le père pouvait donner en adoption son fils trop jeune pour donner un consentement formel, ou son fils plus âgé, pourvu qu'il n'y mît pas opposition (*non contradicente*, C., *Cons.*, II, viii, 48). Cette analogie, en tout cas, prouverait seulement que le père pouvait donner sa fille *in manu* sans son

3

consentement, mais n'établirait pas qu'il pût la donner malgré la volonté de celle-ci.

Si l'on admet que, dans la coemptio, c'était la femme qui se vendait elle-même avec l'autorisation de son père, il est évident qu'il faut alors admettre la nécessité du consentement de la femme.

A quelle époque la manus peut-elle s'établir? Est-elle nécessairement contemporaine du mariage? Il est d'abord incontestable, comme on l'a remarqué, que, quand la manus était la conséquence de l'usus, il y avait mariage libre, jusqu'à ce que le temps nécessaire à l'usucapio se fût écoulé. Mais, quand le mariage n'a été accompagné ni de coemption, ni de confarréation, peut-on employer ces deux modes postérieurement, soit pour transformer le mariage libre en mariage avec ma-nus, à l'époque où l'usus n'était pas encore connu, soit pour devancer plus tard l'usucapion?

Il est facile d'admettre que la coemption peut être employée pendant le cours du mariage. Nulle part n'existe, en droit romain, la règle moderne du Code ci-vil que la situation des époux une fois réglée au début du mariage, leur volonté n'y peut plus introduire de changements. Que la femme *sui juris* se vendît au mari, que la fille restée en puissance fût vendue par son père, ou se vendît encore elle-même, avec autori-sation de son père, il n'y a là rien que de naturel et, comme la puissance qui résulte de cette vente ne peut être le mancipium, il faut bien que la femme tombe ainsi sous la puissance maritale.

Quant à la confarréation, un texte de Denys d'Halicarnasse, déjà indiqué, présente la confarréation comme contemporaine du mariage. « On appelle, dit-il, *farracies*, les mariages sacrés et légitimes, à cause de la communion de la farine » (*Antiq. rom.*, 1. II). On a pris l'habitude de rattacher cette cérémonie à la célébration du mariage; rapprochement d'autant plus fréquent que la confarreatio est rappelée surtout à propos du mariage des pontifes; et il est certain qu'en ce cas le mariage, des pontifes ayant dû, à l'origine, être accompagné de confarréation, les deux faits, mariage et acquisition de la manus, étaient simultanés. Hotman, Heineccius, Pothier rattachent, non-seulement la confarréation, mais encore la coemption aux cérémonies du mariage. La nature même de ce mode semble en réserver l'emploi au moment où se forme l'union, mais il n'est rien dans les monuments législatifs qui puisse sérieusement consacrer cette opinion.

CHAPITRE II.

EFFETS DE LA MANUS.

Distinguons tout d'abord, parmi les pouvoirs qui appartiennent à l'homme sur la femme, en vertu du mariage, deux classes principales : 1° ceux qu'il tient du mariage lui-même, qu'il soit ou non accompagné de la manus; 2° ceux qui dérivent directement de la manus. On a peut-être trop facilement confondu l'une et l'autre classe, et l'on est arrivé ainsi à mettre au compte, au passif de la manus, des effets qui ne lui étaient pas propres, et l'exécration dont on l'a chargée s'est augmentée d'autant. La manus est plutôt ce que nous appellerions un régime matrimonial qu'une source de puissance maritale, elle vise les biens de la femme plus que sa personne, sans qu'on puisse pourtant aller jusqu'à dire que la manus est totalement étrangère aux droits du mari sur la personne de l'épouse. La confusion entre les deux classes de droits dont nous parlons a été d'autant plus facile, que le législateur romain se sert de l'expression de *fille* pour indiquer la situation nouvelle de la femme dans la famille du mari. Les textes disent, en effet, que la femme *in manu* entre dans cette famille *loco filiæ;* d'où l'on a conclu aussitôt que la puissance du mari sur sa femme était en tout point semblable à celle du père sur sa fille, et l'on a cherché le modèle de la puissance maritale dans la puissance paternelle.

Pourtant il ne faudrait pas prendre à la lettre l'expression *loco filiæ*. Plus d'un exemple montre qu'une assimilation complète de la femme à la fille serait inexacte, en dehors même du rôle et de la situation particulière de la femme dans la famille. Ainsi, la femme ne sera assurément pas dans la société romaine l'égale et la sœur de sa fille.

Si les mots *loco filiæ* sont, comme nous le verrons plus tard, exacts, quand il s'agit des rapports pécuniaires, des droits du mari sur les biens de l'épouse, ils doivent être entendus restrictivement, lorsqu'il s'agit de sa personne.

Voici quelques exemples, pris dans des cas semblables, où l'analogie paraît complète dans les expressions et ne l'est pas dans la réalité; ils nous autorisent à ne pas appliquer rigoureusement le *loco filiæ :*

Gaius nous dit au § 123 de son premier commentaire : *Mancipati servorum loco constituuntur*. Or, si l'expression *loco servorum* est exacte, en tant qu'elle indique les droits du *paterfamilias* sur les biens acquis par l'homme *in mancipio*, elle pousserait à des conséquences inadmissibles ceux qui voudraient, sur d'autres points, assimiler la situation de l'ingénu *in mancipio* à celle de l'esclave. Dirait-on, par exemple, que cet homme *in mancipio* perd son ingénuité parce qu'il est *loco servi*, et qu'après sa sortie de puissance il est affranchi, *libertinus*, comme le serait en pareil cas un véritable esclave? De même, encore, pourrait-on mettre sur la même ligne, pour tous leurs droits, le *bonorum possessor* et l'*heres*, parce que des textes auront dit que le premier était *loco heredis?* On voit donc que l'on ne saurait, *à priori*, de l'expression *loco filiæ*, conclure que la femme *in manu* est soumise à une puissance identique à la *patria potestas*. Ne pourrait-on pas d'ailleurs donner une différence sensible entre la situation des esclaves et des enfants d'un côté, et celle de la femme *in manu* de l'autre, en citant ce passage de Gaius : « Nous acquérons par les personnes que nous avons *in potestate*, non-seulement la propriété, mais encore la possession ; car nous paraissons posséder la chose dont elles obtiennent la possession. Mais pour les personnes qui sont *in manu nostra*, nous acquérons la propriété par elles, comme par ceux qui sont *in potestate ;* mais pour la possession, c'est douteux, car nous ne les possédons pas. » (G., Comm. II, §§ 89, 90.)

N'est-ce pas dire que le *corpus* nécessaire à la possession civile (*corpore et animo*) peut exister, que le père ou que le fils détienne la chose ; leurs personnes physiques ne font qu'une individualité, tandis que la femme *in manu* a une individualité qui échappe à la manus. Ce pouvoir frappant directement sur les biens de la femme, et non sur sa personne, le mari peut bien acquérir ce qui entre dans son patrimoine, mais non pas ce qui est seulement possédé par elle.

On ne saurait donc affirmer l'assimilation complète. La vérité est que la femme *in manu*, la *mater-familias*, sera soumise comme la femme libre, la *matrona*, à une puissance d'une nature spéciale que nous appellerons la puissance maritale, et que la manus produit en outre certains résultats spéciaux modifiant sa condition de femme mariée. Il est donc utile, pour mettre notre distinction en lumière, d'examiner d'abord les droits conférés au mari, en tant que mari, et qu'il a sur la femme libre, aussi bien que sur la femme *in manu*.

§ 1. *Droits du mari sur la personne de sa femme.*

Dès l'origine, la puissance du chef de famille apparaît avec la même exagération dans ses droits sur la femme et dans ses droits sur tout ce qui appartient à ce chef. Biens, esclaves, enfants, épouse, tout est à peu près mis sur le même rang, quand il s'agit de l'autorité du *paterfamilias ;* c'est le pouvoir absolu, presque sans limites et sans contrôle, et ceux qui crient tant contre la dépendance honteuse où ils trouvent la femme soumise à la manus devraient penser que le Romain obscur, au fond de sa maison, pouvait juger et châtier son fils consul, avec autant de rigueur que la mère de ce fils.

Quels étaient donc les attributs propres de la puissance maritale?

Nom de la femme. — Le mari donne d'abord son nom à la femme : *Ubi tu Gaius, ibi ego Gaia* (Plut., *Quest. rom.;* Cic., *Pro Mur.*, 13, § 27). Honneur plus que dépendance : décorée du titre d'*uxor*, partageant l'estime et la gloire que l'opinion publique accordait à son époux, elle obtenait ainsi le haut rang qui fut reconnu pendant les premiers siècles de Rome aux femmes légitimes : « Nous appelons consulaires les femmes des consuls, dit d'Upien (D., loi 1re, § 1, *De Senatoribus*, 1, 9). » Et encore : « Les femmes mariées à des clarissimes partagent cette qualification ; le mari leur communique cet honneur (*eod. loco*, 8). » A côté de cette participation morale à ses dignités, le mari devait à sa femme une protection continue, la nourriture et le logement. Ce sont là plutôt des droits de la femme que des pouvoirs du mari. Mais voici la puissance maritale qui fait son premier pas, comme par compensation des honneurs auxquels il l'élevait. Le mari avait droit au respect, à la soumission de sa femme, et les époux ne pouvaient faire aucune convention, *contra receptam reverentiam quæ maritis exhibenda est* (D., loi 11, § 1, *Solut. matrim.*, XXIV, 3).

Domicile de la femme. — Le mari choisit le domicile conjugal. C'est là que lui est livrée, au jour de la célébration du mariage, la jeune épouse, avec les cérémonies traditionnelles : *In mariti domum, quasi in domicilium matrimonii* (D., loi 5, *De ritu nupt.*, XXIII, 2). Plus tard, la femme suit le mari où il plaît à celui-ci d'habiter (excepté dans le lieu où on l'enverrait en punition de ses crimes), et le mari pouvait la contraindre à revenir à ce domicile.

Action d'injure. — Si le mari fait rejaillir ses honneurs sur sa femme, par une sorte de réciprocité, l'injure faite à la femme remonte jusqu'au mari ; non-seulement il peut exercer l'action d'injure au nom de la femme insultée, poursuivie, provoquée dans les rues, ou injuriée de toute autre façon (*Inst. Just.*, liv. IV, t. iv, § 1) : il agirait ainsi comme défenseur de sa femme. Mais il a encore, en son nom, une action personnelle à lui, qui se trouve directement atteint par l'outrage; conséquence de la communauté de sentiment qui doit exister entre les époux (*Inst.*, IV, iv, § 2). Voilà encore un de ces droits qui sont l'apanage de la puissance maritale proprement dite (G., Comm. III, § 221), et qui existent indépendamment de la manus; cela est évident, puisque c'est Justinien qui, dans le texte cité en dernier lieu, accorde l'action d'injure au mari, et l'on sait que sous ce prince il n'est plus question de manus. Cette action résultait si bien de la protection que l'homme doit à la femme dont il fait la mère de ses enfants, qu'elle était même accordée au fiancé, pour l'injure faite à celle qui lui était promise (D., loi 15, § 24, XLVII, 10, *De Inj.*).

Droit de répudiation. — On peut encore citer parmi les droits accordés à l'époux, en vertu de sa puissance maritale, le droit de répudiation. En effet, le divorce, qui fut plus tard ouvert à la femme comme au mari, ne put d'abord être demandé, ou plutôt imposé que par le mari. Les femmes romaines, du temps de Sénèque, qui comptaient leurs années plutôt par leurs maris que par les consuls, ne se doutaient plus qu'autrefois la femme n'aurait pu invoquer d'elle-même le *libellum repudiationis.* Plutarque attribue à Romulus une loi permettant au mari de répudier sa femme adultère; il le pouvait encore, si elle avait empoisonné ses enfants ou falsifié ses clefs (Plut., *Romul.*, 35).

Le divorce avait donc alors pour but de maintenir les bonnes mœurs; nous le verrons plus tard servir la cupidité du mari ou le libertinage de la femme. Mais, sans entrer ici dans les détails, constatons seulement que la faculter de divorcer fut d'abord un des attributs de la puissance maritale.

S'il n'existe pas de doutes sérieux sur l'application des principes précédents à la femme non soumise à la manus, voici maintenant des droits plus importants encore, dont l'existence même a été niée par plusieurs;

tandis que d'autres, tout en reconnaissant que la loi romaine accordait ces droits au mari, se sont demandé s'ils dérivaient uniquement de la puissance maritale, ou s'ils n'étaient pas les conséquences spéciales de la manus.

Droit de juger, de châtier la femme. — Tout d'abord le mari a-t-il le droit de juger la femme, de la châtier, de la condamner même à mort? Valère Maxime cite l'exemple d'un contemporain de Romulus, Egnatius Metellus, qui fit mourir sa femme sous le bâton, pour avoir bu du vin, crime pour lequel les Romains paraissent avoir été assez impitoyables à l'égard des femmes ; et l'auteur ajoute que, loin de l'en blâmer, on trouva cette atrocité d'un bon exemple.

Il est certain, d'un autre côté, que le père de famille avait le droit de juger, de tuer l'enfant qu'il avait sous sa puissance, et des exemples authentiques nous montrent les pères usant de ce droit, même à une époque avancée de la République : Salluste et Valère Maxime en citent encore. Si l'on devait prendre à la lettre les mots *loco filiæ*, pour régler la situation de la femme *in manu*, il faudrait, par analogie immédiate, donner au mari le droit de vie et de mort sur l'épouse. Mais nous avons dit que cette assimilation égarerait, surtout quand il s'agit de la personne de la femme.

Toutefois le mari eut assurément à Rome le droit de la juger, de la châtier, non comme conséquence de la manus qu'il avait sur elle, mais en vertu de sa puissance maritale. Les circonstances où il était appelé à exercer ce droit variaient selon la situation où se trouvait la femme mariée, et influaient beaucoup sur la manière de la juger.

Voici d'abord la femme *sui juris;* elle est au moment du mariage sous la tutelle de ses agnats, et nous savons déjà que leur consentement est nécessaire pour que la femme puisse tomber *in manum mariti.* Si donc, nous nous plaçons à l'époque primitive, où le mariage paraît en fait avoir toujours été accompagné de manus, les tuteurs ont dû donner leur consentement, et la femme n'a plus qu'un maître, le mari. Nulle puissance ne se dresse en face de la sienne, qui s'exerce sans contrôle, sans équilibre. Mais plus tard, quand le mariage libre s'introduit peu à peu, quand la *conventio in manum* n'est plus la règle, la femme *sui juris* peut, en se mariant, rester dans sa famille, au lieu d'entrer dans celle du mari, soit qu'elle ait elle-même choisi le mariage libre, ou que ses tuteurs aient refusé d'accepter la *conventio in manum;* alors deux pouvoirs rivaux se trouvent en concurrence : celui du mari et celui des agnats de la femme, protecteurs des intérêts de leur famille.

Voici d'un autre côté la fille de famille *in potestate* qui se marie : à l'origine encore, la coemptio, faite avec l'assentiment du père, la fait passer *in manum mariti;*

la puissance paternelle disparaît, le mari reste seul juge. Mais le mariage libre survient, la fille demeure dans sa propre famille, la puissance du père subsiste et vient se heurter à celle du mari.

Comment régler le conflit entre le mari d'un côté et les tuteurs ou le père de l'autre? La solution sera facile à donner quand le mari n'a que les tuteurs à écarter. En effet, la tutelle de la femme n'est déférée à ses agnats, nous le savons, que dans l'intérêt de leur famille ; elle s'étend sur les biens, et non sur la personne de la femme. Conserver intacts leurs droits sur les biens présents et futurs de leur agnate, tel est le seul rôle des tuteurs. Si la femme n'a pas eu de dot en se mariant, le conflit ne peut s'élever même sur les biens ; la femme demeurée dans sa famille, étrangère à celle du mari, n'a donné que sa personne à celui-ci. A-t-elle, avec l'autorisation des tuteurs, constitué une dot, elle l'apporte au mari, qui en devient propriétaire, et peut en disposer sans contrôle. Donc rien de commun entre les tuteurs et le mari ; à ceux-là les droits sur les biens, à celui-ci les droits sur la personne. Le mari se trouve donc seul juge de sa femme, grâce à sa puissance maritale.

La question est plus délicate quand la femme *in potestate* a été mariée sans *conventio in manum ;* elle appartient alors à son père et à son mari. Le père garde tout droit sur les biens, mais il n'a pas abdiqué sa puissance paternelle. Le mari a aussi ses droits. Comment combiner ces deux pouvoirs ? Par une institution toute spéciale, qui montre à ce sujet tout un côté des mœurs romaines. Un tribunal de famille venait réunir ces deux puissances rivales. Là, devant les membres de la famille assemblés, le père ou le mari expose ses griefs, demande le châtiment, et telle est l'autorité de cette juridiction privée, que longtemps, les peines dues aux fautes de la femme seront appliquées par elle et non par la justice populaire. On évitait ainsi le scandale public (Valère Maxime, VI, 3, 7 ; Suétone, *Tibère*, 35) : Tite-Live nous montre les femmes condamnées, livrées à leurs parents *ut in privato animadverterent eas* (*Hist.*, 39, 18). Quelle fut la composition du tribunal domestique, quelles furent ses attributions précises, comment procédait-on devant lui ? Y eut-il en pareil sujet une autre réglementation que celle des mœurs et des coutumes ? Autant de points demeurés obscurs jusqu'ici, peut-être à jamais obscurs faute de documents ; mais il est bien probable qu'ils manqueront toujours, car sans doute les mœurs firent presque tout, et les lois presque rien. Ne peut-on croire même que ce tribunal fut soumis à tous les changements successifs que comporte une institution à la fois d'ordre moral et d'ordre privé ? A peine peut-on affirmer, d'après les expressions des auteurs, qu'il était composé non des agnats, mais des cognats, parfois des amis : *cognati*, dit Tite Live ; *propinqui*, dit Tacite ; et Valère Maxime ajoute *amici neccessarii*. Enfin un texte conservé par Justinien nous montre le préteur décidant *evocatis affinibus atque amicis* (D., loi 6, *Ubi Pupill.* XXVII, 2).

Autant conseil que tribunal, cette réunion de famille ne fonctionne pas seulement quand il faut sévir, elle ne protége pas seulement la femme, mais tous les événements importants de la vie intérieure donneront lieu à sa convocation.

Quelle autorité plus naturelle et plus légitime pourrait convoquer le mari et le père en conflit de pouvoirs ? Ce conseil qui avait accompagné la jeune fille, qui l'avait soutenue contre les abus de la puissance paternelle, ne l'abandonnait pas quand le mariage l'avait donnée à un époux peut-être étranger à la famille.

Seulement alors un membre nouveau prenait place au tribunal domestique, le mari, assis à côté du père, membre du conseil et juge à la fois. Ainsi se réglait le conflit entre le père qui avait conservé la puissance paternelle et le mari qui avait acquis la puissance maritale. Comment toutefois garantir l'accord ? Le tribunal domestique aura-t-il toujours assez d'ascendant pour mettre fin au différend et concilier les prétentions des deux parties ? Non, sans doute, et plus d'une fois l'intervention des proches dut être inutile ; mais alors le père pouvait, par un coup d'autorité, trancher la question en sa faveur : il prononçait le divorce et reprenait sa fille, soustraite ainsi malgré elle au pouvoir du mari.

De ce que nous venons d'exposer, on peut déduire déjà que le pouvoir donné au mari de juger sa femme et de la condamner tenait, non pas à la manus, mais à une puissance propre, indépendante de toute *conventio in manum*, puisque nous avons vu le mari appelé à juger la femme, concurremment avec le père, en présence du tribunal domestique, quoique la puissance sur la personne fût restée sur la tête du père de la femme.

On pourrait objecter que le mari est dans ce cas appelé au conseil, non comme juge de la femme, mais comme un de ses proches ou de ses amis, qu'on y convoquait pour demander leur avis.

Mais qui ne voit d'abord qu'il n'y aurait eu là qu'une question de forme, et qu'en définitive tout était de savoir la conduite que l'on tiendrait à l'égard de la femme? Le mari, comme le père, était conseil et juge dans cette magistrature patriarcale.

La preuve que le mari était avec le père, le personnage important, c'est que dans les premiers âges, au temps où florissait la manus, où le mari n'avait jamais à craindre la puissance du père, il était déjà le juge de la femme; il lui fallait pourtant réunir le conseil, de sorte que le père, tout en perdant sa puis-

sance par la manus, ne devenait pas étranger à sa
fille; de même que, dans le mariage libre, le père devait
appeler le mari au tribunal domestique, de même le
mari qui avait la manus ne pouvait écarter le père
du conseil. Voici les paroles de Tacite : *Is prisco
instituto propinquis coram de capite famaque con-
jugis cognovit* (XIII, 32, *Annal.*). Voilà l'ancienne
coutume, *prisco instituto.*

Devant ce passage de Tacite, il serait difficile de
croire que le tribunal domestique n'eût pas toujours
existé; la nature même de ce conseil le rattache évidemment à l'organisation primitive de la famille
romaine, à l'époque où, petit État dans la grande
république, elle devait trouver en elle-même les éléments d'une constitution complète. L'exemple cité
par Valère Maxime, d'Egnatius Metellus, ne prouve
pas d'ailleurs que, même sous Romulus, le mari n'eût
pas agi avec l'approbation du conseil de famille. On
pourrait même prétendre que si Romulus, ainsi que
le dit l'auteur, pardonna à Egnatius, c'est que celui-ci
avait besoin de pardon; ne serait-ce pas précisément
parce qu'il avait négligé de convoquer le tribunal
domestique?

Enfin, pour terminer cet exposé du droit de juger
et de condamner la femme à mort, nous userons du
dernier passage de Tacite, pour insister sur cette idée,
que le pouvoir accordé au mari ne lui était pas donné

en vertu de la manus, mais seulement en vertu de sa puissance maritale ; cela paraît évident, puisque nous voyons, sous le règne de Néron, le mari juger sa femme à la mode antique, et la manus n'était guère plus qu'un souvenir à cette époque. Les lois d'Auguste, qui voulaient prévenir les excès des mariages libres, dataient déjà de plusieurs années.

Un dernier mot. Aulu-Gelle, nous parlant du droit de tuer la femme, le reconnaît aux maris, sans la moindre distinction entre celui qui avait la manus et celui qui ne l'avait pas, et sans rappeler en rien cette ancienne classification des mariages. Denys d'Halicarnasse (liv. II, ch. viii), ne distingue pas davantage. Pline cite l'exemple d'une matrone qui, ayant dérobé les clefs de la cave, fut condamnée par le tribunal domestique à mourir de faim. Or la matrone, par opposé à la *materfamilias*, c'est la femme libre, non soumise à la manus (Festus, *Materfamilias* ; Aulu-Gelle, XVIII, 6). Il est donc permis de faire du droit de vie et de mort un des attributs de la puissance maritale, même en dehors de toute *conventio in manum*.

Ce qui a pu tromper souvent, en pareille matière, c'est l'habitude constante d'accompagner autrefois le mariage de la manus. Grâce à cette coïncidence, on voit les premiers maris romains exercer leur droit de vie et de mort sur leur femme, et comme ils ont tous la manus, comme c'est à cette époque qu'un droit si barbare fut dans toute sa vigueur, il a été naturel de le considérer comme un des effets de la manus. Cette remarque peut expliquer bien des confusions.

Droit de vente. — Il est un autre droit important que certains auteurs reconnaissent au mari, tandis que d'autres le lui contestent : le droit de vendre sa femme *in manu*, comme le père de famille pouvait vendre sa fille *in potestate*.

Pour lui accorder ce droit, il faudrait que le mari fût propriétaire de la personne de la femme : à ce titre seul, il en pourrait disposer. Nous avons déjà cité le texte de Gaius d'après lequel nous repoussions, au point de vue de la personne, l'assimilation de la femme *in manu* à la fille *in potestate*, et l'on a soutenu à ce propos que le mari, même ayant la manus, ne possédait pas la femme : *ipsas non possidemus* (Gaius, Comm. II, § 90).

Il faudrait logiquement en conclure que le mari ne pouvait disposer de la personne de l'épouse, la vendre. Les auteurs qui soutiennent cette opinion, que nous serions disposé à partager (ce qui tient peut-être à notre manière d'envisager la condition de la femme *in manu* dont nous ne trouvons pas le sort si triste, si humble qu'on l'a fait souvent), ces auteurs, dis-je, donnent à l'appui la déduction suivante : « Le mari ne peut faire l'abandon noxal de sa femme, et s'il pouvait la vendre, à plus forte raison pourrait-il l'abandonner noxalement au créancier, l'abandon noxal étant une disposition de la personne moins grave que la vente; si donc on lui refuse ce dernier et moins important droit accordé à tout propriétaire, c'est qu'on ne lui avait pas reconnu le droit de vendre sa femme. »

Quant à établir que l'abandon noxal n'était pas permis au mari, un texte de Gaius paraît concluant à cet égard. Voici la situation. La femme qui tombait *in manum mariti :* subissait un effet analogue à celui que produisait l'adoption d'un *sui juris*, l'adrogation. Si tous les biens étaient acquis à l'adrogeant, les dettes de l'adrogé ne lui incombaient pas, car cette acquisition était régie par la règle que les personnes qui sont en notre puissance peuvent rendre notre condition meilleure, mais ne peuvent l'empirer. Il fallut trouver remède à un résultat si injuste pour les créanciers; ceux-ci furent autorisés à poursuivre celui qui profitait des biens, et, s'il ne donnait pas garantie de la dette aux créanciers, ceux-ci faisaient vendre les biens de leur débiteur (Gaius, IV, § 38, et III, § 84). Mais si la dette résulte d'un délit commis par l'adrogé avant l'adrogation, le *paterfamilias* peut l'abandonner noxalement au créancier (G., IV, § 75).

Or, dans le texte annoncé, le jurisconsulte veut comparer sous ce rapport les personnes *in potestate* aux personnes *in manu ;* il impose à celui en puissance duquel sont ces dernières l'obligation de garantir aux créanciers le payement : sinon les biens de la femme seront vendus ; mais il ne réserve pas l'abandon noxal au mari (G., Comm. IV, § 80) : « Quod vero ad eas personas, quæ in manu mancipiove sunt, quotiens ex contractu aut ex maleficio earum ageretur, nisi ab eo cujus juri subjectæ sint, in solidum defendantur, bona veneunt. » Le rapprochement de la dette née du contrat et de la dette née du délit montre bien qu'il ne peut être question d'abandon noxal. M. Troplong, qui partage l'opinion que la femme ne pouvait être vendue par le mari, invoque, mais sans s'appuyer sur aucun témoignage, une raison morale de pudeur publique, qui a pu avoir son poids dans la balance du législateur.

Heineccius, dans ses *Antiquités romaines* (liv. X, § 6), accorde bien au mari sur la femme *in manu* les droits qu'avait le père sur sa fille ; mais, quand il cite ces différents droits, il ne parle pas du droit de vente. Dans un autre passage (*ad leg. Pap.*), disant que le père peut vendre ses enfants, il ajoute que le mari peut céder et *comme* vendre sa femme (*veluti vendidisse*). Cette locution même prouverait qu'Heineccius ne reconnaissait pas au mari un vrai droit de vente.

La cession dont parle l'auteur allemand touche à un autre point de vue des mœurs romaines, où les droits du mari apparaîtraient sous un aspect non moins tyrannique que le droit de vente. Une ancienne coutume de Sparte aurait été, d'après de nombreux auteurs, suivie à Rome. Selon Plutarque, Numa, ainsi que Lycurgue, ne considérant comme but du mariage que la procréation, aurait permis au Romain pourvu d'enfants de céder sa femme à qui n'en avait point, avec faculté de la reprendre ensuite ou de l'abandonner pour toujours.

Un exemple célèbre nous est raconté par les auteurs. Caton le jeune, sollicité par son ami Hortensius, lui cède sa femme Marcia, quoiqu'il l'aimât et qu'elle fût enceinte ; après la mort d'Hortensius, Marcia revient et obtient de Caton de rentrer chez lui.

Ce droit de cession n'était pas le droit de vente et n'en eût point fait partie si celui-ci eût existé.

La femme était non vendue, mais prêtée, suivant les expressions de Plutarque et d'Appien (*De bellis civilibus*, II, 99) ; ce dernier ajoute qu'après la cession elle n'était pas *in mancipio*; il n'y avait donc là rien de la vente.

Quelle était la nature de ce droit? Une répudiation? Mais, dans l'exemple de Caton, on ne voit invoquer aucun des motifs de la répudiation, et le nouveau mariage se célèbre aussitôt, sans attendre le délai ordinaire des secondes noces de la femme. Le mari pouvait-il donner sa femme *in manu* à un autre époux, comme aurait pu faire le père qui l'avait *in potestate?* On ne sait : le fait seul paraît certain.

Après avoir parcouru la série des attributs de la puissance maritale, nous les voyons accordés, même au mari qui n'avait pas la manus. Le seul droit de vendre la femme eût été une conséquence de la manus, et non du mariage libre. Mais a-t-il existé? C'est bien douteux. Enfin le mari l'eût-il possédé que cela n'aurait aucune influence sur cette règle : la manus est le pouvoir sur les biens, et non sur la personne; car ce droit de vendre la femme se serait classé parmi les droits réels du mari, au moins autant que parmi les droits sur la personne, et nous allons voir que sur les biens la manus produisait de nombreux effets; c'est son résultat particulier.

C'est parce qu'il se rattache au pouvoir sur les biens que nous ne parlerons pas ici du droit qu'avait le mari de nommer à sa mort un tuteur à sa femme survivante, droit qui trouvera sa place dans les explications suivantes.

§ 2. *Droits du mari sur les biens de la femme.*

La coutume des peuples primitifs de vendre la femme au mari est exclusive de l'idée de dot : c'est l'époux qui donne aux parents de sa fiancée le prix de leur fille. Il est très-douteux, nous l'avons vu, que dans la coomption romaine l'achat fût réciproque, et que la femme achetât le mari ; il ne devait donc pas à l'origine, lorsque la manus résultait toujours du mariage, y avoir de dot, c'est-à-dire d'apport de la femme au mari. Celle-ci, laissant ses biens dans sa famille, entrait pauvre, riche de sa seule personne, dans la maison conjugale. Cela pourtant n'était vrai que pour la fille en puissance paternelle; elle ne pouvait rien donner, ni apport présent, car elle ne possédait rien dans sa famille, ni espérance future, car elle n'avait plus de droits dans cette famille dont elle sortait pour toujours. Mais la femme *sui juris*, qui avait en se mariant son patrimoine propre, le voyait aussitôt absorbé par celui du mari, non en vertu d'une constitution de dot, mais par un principe déjà indiqué, analogue au principe de l'acquisition des biens de l'adrogé par l'adrogeant : ce qui supposait, on le sait, le consentement des tuteurs à la *conventio in manum*.

Ainsi rien d'abord qui ressemble à une dot. Cependant le mari se trouve chargé de fournir aux dépenses du ménage : avec quels biens ? Avec sa fortune sans doute, avec celle de la femme *sui juris ;* mais, s'il est pauvre, ne pourrait-il pas demander au père de la femme *in potestate* un apport qui serait pour celle-ci comme le prix de sa renonciation implicite aux successions de famille, et qui aiderait le mari à entretenir la femme et les enfants ? Le père faisait alors à la femme la donation de certains biens, qu'il avait ordinairement promis à l'époque des fiançailles; en vertu de l'acquisition universelle des biens de la femme par le mari,

les biens donnés tombaient à tout jamais dans le patrimoine de celui-ci, qui en était propriétaire.

Si l'on peut trouver en une pareille donation l'origine de la dot, et dans son attribution au mari la source
du droit de propriété qu'on lui reconnut toujours sur
cette dot, on voit aussi qu'elle était loin alors de ce
qu'elle fut plus tard. En tout cas, le mari, devenu propriétaire de cette apparence de dot (1), n'avait jamais à
la restituer. Toutefois, il n'y avait pas d'obstacle à ce
que le père, en faisant la donation à sa fille ou au mari
lui même, n'en stipulât le retour, en cas de dissolution
du mariage, mais, dans les premiers siècles, on ne voit
pas de traces de pareilles stipulations.

Le danger de la dation faite sans clause de retour se
révéla quand, après Carvilius Ruga, les divorces se
multiplièrent. Les maris trouvaient dans la faculté de
répudier la femme un moyen fort simple de gagner
l'apport qu'elle leur avait fait : de là le remède des actions *rei uxoriæ* accordées aux femmes pour se faire
restituer ce qu'on aurait pu dès lors appeler leur dot
(Aulu-Gelle, IV, 3); on y ajouta même la faculté de stipuler au moment du mariage la restitution : *Cautiones
rei uxoriæ*. Les expressions générales dont se sert
l'auteur latin peuvent autoriser à croire que ces actions

---

(1) Cicéron, dans les *Topiques,* donne pourtant le nom de dot à l'apport
de la femme : « Quum mulier viri in manum convenit, omnia quæ mulieris
fuerunt viri fiunt *dotis* nomine. »

s'appliquaient à la femme *in manu*, comme au mariage libre. Sinon il faudrait dire que la dot fut au fond totalement inconnue sous le régime de la manus, en ce sens que l'apport de la femme ne lui était pas restitué.

Laissons donc un instant ces considérations générales sur l'origine de la dot, dont nous trouverons le développement au chapitre du mariage libre, et examinons en détail la situation que la manus fait à la femme, au point de vue des biens. Voyons ce que perd la femme, voyons les droits qu'elle acquiert.

Elle laisse derrière elle sa famille, si elle y était encore à titre de fille *in potestate;* désormais, pour elle plus aucun droit de succession dans le patrimoine qui n'est plus le sien. Est-elle *sui juris*, sa fortune personnelle disparaît recueillie par son époux; c'est, dans le présent, la communauté de tous biens entre les deux conjoints. Dans cette absorption de la fortune de la femme ne sont pas compris les biens qui périssent par la diminution de tête; car la femme, en tombant *in manu,* subit une petite *capitis deminutio*, puisqu'elle change de famille. C'est pour le mari une succession du même genre que celle de l'adrogé : *Sunt alterius generis successiones velut cum paterfamilias se in adoptionem dedit, mulierque in manum convenit* (G., Comm. III, §§ 82, 83). Voici pour le présent.

Dans l'avenir, tout ce que la femme acquerra, à quelque titre que ce soit, est acquis par là même au mari, et tombe dans le patrimoine commun. Par exemple, l'institution d'héritier au profit de la femme profitait au mari, sur l'ordre duquel elle faisait addition d'hérédité : au mari le legs, le fidéi-commis laissé à la femme; au mari les choses acquises en mancipation par la femme, les meubles à elle livrés, tout enfin vient grossir le bien commun. Je dis commun, car si le mari, durant le mariage, est maître absolu des biens qui le compose, la femme n'en est pas moins copropriétaire, au même titre que ses enfants, avec lesquels elle partage la qualité d'*heres suus*. Aussi, le mari venant à mourir, elle prend la part dans la succession comme tout autre enfant, *loco filiæ*. La perte des droits de succession dans sa famille propre est compensée par ceux qu'elle acquiert dans celle du mari.

La femme devenue héritière sienne du mari doit être instituée ou exhérédée dans le testament. Son omission lui donnerait les mêmes actions qu'aux autres héritières siennes.

Tout cela suppose, bien entendu, que le mari qui a la manus est *sui juris;* car, s'il était lui-même en puissance de père, l'introduction de la femme dans la famille, à titre de fille du mari, donnerait à celle-ci le rang de petite-fille à l'égard de l'aïeul *paterfamilias*, et c'est alors à lui qu'appartiendraient les biens de la femme. Ici l'expression *loco filiæ* est rigoureusement vraie. Si le beau-père de la femme meurt après le mari, la femme sera donc appelée à sa succession au rang de petite-fille.

Quant à la succession de la femme elle-même, si le mari survit, il n'y a pas lieu de la régler, puisque la femme n'a pas de biens; le pécule que le mari aurait pu lui laisser, comme aux autres enfants, lui fait retour. Si la femme, au contraire, survit au mari, elle laisse sa succession aux agnats du mari; tout reste encore dans sa nouvelle famille; la manus l'y a fait entrer non-seulement pour le temps du mariage, mais pour toujours.

Quant à faire un testament, en ce cas de survie au mari, la femme retombée après le décès du mari sous la tutelle des agnats de son mari recourait à la *coemptio fiduciæ causa*, dont nous dirons bientôt quelques mots, et qui lui permettait de faire son testament.

Disons enfin que la femme et le mari ne pouvaient contracter ensemble, puisqu'ils n'avaient qu'un même patrimoine; pour le même motif, il ne pouvait être question de donations entre eux. Où la femme aurait-elle pris les biens à donner au mari? tout appartenait à celui-ci. Qu'est-ce que le mari pouvait donner à sa femme, qui ne retombât aussitôt dans sa fortune?

Enfin, il faut parler ici d'un dernier droit du mari

sur les biens, ou plutôt sur la disposition future que la femme pouvait faire des biens qui lui revenaient à la mort du mari. Elle tombe à ce moment sous la tutelle des agnats de celui-ci, afin que la portion de patrimoine par elle recueillie dans sa succession ne puisse être détournée au détriment de la famille du mari. Mais il peut d'avance soustraire sa femme au contrôle de ses agnats, en lui nommant un tuteur testamentaire.

Cette nomination pouvait se faire de plusieurs manières : tantôt le mari indiquait nominativement le tuteur de son choix; la personne désignée était alors le tuteur unique et nécessaire. Tantôt la femme recevait du mari l'*optio tutoris*, la faculté de choisir elle-même. L'*optio* était *plena*, lorsque la femme pouvait, à chaque acte nouveau, prendre à sa guise un tuteur différent; l'*optio* était *angusta*, quand elle ne pouvait user de la faculté de choisir qu'un nombre déterminé de fois. Gaius nous donne ces détails dans son Commentaire I, §§ 150 à 154. Le tuteur ainsi donné à la femme *in manu* s'appelait *tutor optivus*. Si la femme était en puissance du père de son mari, c'était à ce père de lui nommer un tuteur, pour le cas où la femme devait devenir *sui juris* à sa mort, c'est-à-dire quand le mari était prédécédé. Autrement, la manus passait du père au mari, devenu *paterfamilias*, et la femme n'avait pas besoin de tuteur.

Si nous avons placé dans ce paragraphe le droit de nommer un tuteur à la femme, c'est que les tuteurs des femmes, on l'a remarqué, étaient donnés dans l'intérêt unique de la conservation de leurs biens. Tels étaient les effets particuliers de la manus sur les biens de la femme.

CHAPITRE III.

DURÉE DE LA MANUS.

Autre chose est le mariage, *matrimonium*, autre chose la puissance du mari sur les biens, la *manus*. Il peut donc y avoir mariage sans manus, et s'il est probable que les premiers mariages romains furent longtemps accompagnés de la manus, l'existence simultanée du mariage avec manus, et du mariage libre, montra plus tard que le mariage n'était pas la manus. Mais on ne pourrait dire à l'inverse qu'il peut y avoir manus sans mariage : pas de mari, pas de pouvoirs donnés au mari (du moins dans le sens où la manus a été jusqu'ici entendue, *manus matrimonii causa ;* nous ne disons rien en ce moment de la seconde manus, dont il sera quelque peu question). Ainsi la manus ne pouvait commencer avant le mariage : si le père de famille eût, avant la célébration des noces, mancipé sa fille au futur époux, elle eût été *in mancipio* de son fiancé, mais non *in manu.*

On peut dire qu'en règle générale la manus commence avec le mariage ; c'est du moins le cas ordinaire.

Quand finit la manus ? Comment se dissout cette puissance du mari ? Ces deux questions nous restent à résoudre pour terminer l'histoire de cette institution du droit romain.

1° La confarreatio et la coemptio nous ont apparu comme les deux modes primitifs servant à établir la manus. Comment se dissout la manus engendrée par la confarreatio ? Par une cérémonie sacrée, analogue sans doute à la première, mais dont les détails nous sont encore plus inconnus : *Genus sacrificii quod fiebat farreo libo adhibito,* dit Festus, et c'est tout (Plut., *Quest. rom.*). La diffarreatio, qui dissolvait ainsi la manus, pouvait-elle avoir lieu pendant le mariage, faire disparaître la puissance du mari et rendre la femme *sui juris,* avant que l'union ne fut rompue ? Si l'on admet que la confarreatio fût un mode solennel, toujours employé au moment même de la célébration du mariage, il serait naturel de décider, par analogie, qu'elle ne pouvait être anéantie dans ses effets qu'au terme du mariage qu'elle avait accompagné à son origine.

Tout ce qu'on peut dire, c'est que dans les mariages des pontifes, de même que la confarreatio, inévitable dans ces unions, devait être accompli dès leur début, de même la manus qui en était résultée ne pouvait disparaître qu'à la fin de ces mariages. La confarreatio, qui rendait le mariage des pontifes indissoluble (Aulu-Gelle, X, 15, § 20), y maintenait la femme dans la même situation qu'au premier jour. Mais cet argument ne peut être invoqué pour les autres mariages contractés avec confarreatio, puisqu'ils n'étaient pas indissolubles. On ne peut donc affirmer positivement que la diffarreatio avant la dissolution du mariage fût impossible.

2° La manus, née de la coemptio, se dissolvait par une vente de même genre, par une remancipatio. Il en fut de même plus tard, quand la manus put être acquise par usucapion, la mancipation servit aussi en ce cas à y soustraire la femme.

Rien n'empêchait ici que la manus cessât, le mariage persistant. Par exemple, le mari qui avait acheté la femme au père pouvait la lui rémanciper et faire ainsi renaître à son profit la puissance que le père avait perdue lors du mariage.

La femme était désormais dans la même condition que si le père eût gardé ses droits sur elle. Les droits acquis sur les biens demeuraient au mari, mais les droits sur les biens que la femme acquérait dans l'avenir appartenaient au père.

Les droits sur la personne étaient toujours exercés

concurremment par le père et le mari, dans le tribunal domestique. En un mot, le mariage libre succédait entre les époux au mariage avec manus. La mancipation de la femme mariée dut donc être inconnue aux premiers Romains, chez lesquels le mariage sans manus ne fut probablement pas connu.

Si le mari se donnait en adrogation, la femme le suivait avec le reste de sa famille dans sa nouvelle condition et passait sous la puissance de l'adrogeant, auquel appartenait alors la manus. De même enfin, si le mari était *in potestate*, la manus appartenait alors à son père; celui-ci pouvait donner son fils en adoption, et la femme suivait son mari dans la famille de l'adoptant. Le père n'a pas le droit de séparer la femme du mari; ainsi il ne lui était pas permis de donner son fils en adoption en gardant la femme sous sa puissance (Laferrière, I, p. 85).

L'émancipation de la femme pouvait être la suite de l'acte par lequel le mari mancipait sa femme, s'il voulait qu'elle devînt *sui juris*. Si le mari n'avait pas ajouté à la mancipation une clause spéciale de fiducie, le tiers acheteur de la femme pouvait l'affranchir et devenait son tuteur fiduciaire; mais si cette clause avait été faite, stipulant que le tiers remanciperait la femme au mari, celui-ci l'affranchissait lui-même, et conservait la tutelle. Dans tous ces cas, les droits sur les biens futurs de la femme passaient à celui qui l'acquérait ; mais les droits sur la personne étaient réglés selon ce que nous avons dit en indiquant l'organisation du tribunal domestique. La mancipation de la femme pouvait-elle avoir lieu quand le mariage avait été célébré avec confarreatio, et, en supposant cela possible, fallait-il, outre la vente, employer les cérémonies de la diffarreatio ? Questions restées sans solution, comme tant d'autres en pareille matière.

3° La *maxima capitis deminutio*, qui était la conséquence de la perte de la liberté, dissolvait le mariage et éteignait par conséquent la manus, que ce fût le mari, que ce fût la femme qui se trouvât réduite en esclavage.

La mort de l'un des époux mettait fin à la manus, comme au mariage. Toutefois, certains effets de la manus persistent après le prédécès du mari. La femme demeure dans la famille du mari, lui succède à titre de fille et tombe sous la tutelle des agnats de ce mari.

4° Le mariage à Rome ne fut, avons-nous dit, jamais indissoluble, sauf le mariage des pontifes ; mais le mari seul avait au commencement le droit de répudiation, moyen dont les maris usèrent pour gagner l'apport que la femme avait pu leur faire : encore ce droit fut-il longtemps soumis à d'étroites restrictions, et les causes de répudiation furent légalement limitées, sans compter que le mari devait prendre l'avis du tribunal domestique, sous peine d'encourir le blâme et même la punition des censeurs (Val. Max., II, IX, 2; Cic., *De Republ.*, IV, 6). Un certain L. Antoninus fut chassé par eux du Sénat, pour avoir violé cette ancienne coutume.

Mais la femme n'avait pas d'abord le droit réciproque de rompre le mariage et de demander le divorce, quels que fussent ses griefs contre le mari.

Qu'y aurait-elle d'ailleurs gagné dans le mariage avec manus? Sortie de sa propre famille par la coemptio, exclue de celle du mari après le divorce, où aurait-elle trouvé un appui, une fortune?

Quand fut accordé à la femme le droit de divorcer? On ne sait; peut-être quand les mariages libres devinrent fréquents. La femme *sui juris* surtout, demeurée maîtresse de sa fortune, n'hésitait pas devant ce moyen suprême. Si elle en usa d'abord justement, nous allons bientôt la voir en abuser avec une étrange persistance, qui prouve amplement le droit qu'on lui avait accordé.

Que le mari, que la femme demandât le divorce, le mariage était dissous, et la manus disparaissait avec lui, sauf à employer les formes de dissolution de la manus.

Ici se termine la période pendant laquelle la manus a fleuri dans toute sa force. Époque de dépendance, il est vrai, mais aussi de dignité pour la femme; époque de grandeur pour le mariage : autour du foyer commun, la famille entière, élevée, dirigée par la femme, se serrait sous la protection tyrannique souvent, mais assurée, du père et maître.

Vienne le mariage libre, avec l'unité de la famille, avec la communauté de biens, vont disparaître ensemble la soumission de l'épouse et la vénération qui l'entourait.

Pauvre et sujette, elle était la mère des Gracques, la mère de Coriolan ; riche, dotée, indépendante, il faudra pour arrêter son luxe et son libertinage les lois impuissantes des empereurs romains.

DEUXIÈME PARTIE.

MARIAGE LIBRE. DOT. SÉPARATION DE BIENS.

La manus qui d'abord accompagna toujours le mariage était tantôt un obstacle au mariage de la femme, et tantôt le favorisait. En effet, si la fiancée était en puissance de son père, sa famille avait tout intérêt à ce que la manus existât. Elle n'emportait avec elle aucune partie du patrimoine, sauf le léger apport que le mari obtint plus tard, d'abord à titre de propriétaire, ensuite peut-être avec charge de restitution. D'un autre côté, c'était dans l'avenir une héritière sienne de moins au partage des biens paternels ou des biens des agnats. La manus équivalait aux pactes de renonciation à successions futures de notre ancien droit français, et l'apport qu'on donnait à la femme aurait même pu être regardé comme le prix de cette renonciation.

Lorsque la femme, au contraire, était *sui juris*, ni elle ni ses tuteurs ne se souciaient beaucoup d'une manus qui les dépouillait, elle dans le présent, eux dans l'avenir, de la fortune de famille, au profit du mari.

Plus d'une fois la femme dut hésiter devant l'absorption de son patrimoine; plus d'une fois les tuteurs durent refuser leur consentement à une *conventio in manum*, qui détruisait leurs droits. De là un double obstacle au mariage, et un danger pour l'état social; de là sans doute le mariage libre.

Ainsi cette forme, qui consacra plus tard l'indépendance trop absolue de la femme et amena de grands abus, apparaît à l'origine comme un moyen nécessaire de favoriser les unions légitimes.

Les développements que nous avons donnés sur le tribunal domestique et sur son rôle suffisent pour déterminer la situation de la femme en mariage libre, quant à sa personne. Rappelons-les en quelques mots.

La fille *in potestate* demeurait en puissance du père, la puissance maritale naissait néanmoins, et le conflit entre ces deux pouvoirs se réglait devant le conseil de famille. Remarquons qu'un droit très-important, le droit de vendre la femme, appartenait assurément au père, tandis que nous l'avons vu contester au mari.

La fille *sui juris* passait aussi sous la puissance maritale, et le mari exerçait seul les droits sur sa personne, les tuteurs n'ayant en cela aucune autorité.

Les droits sur les biens sont autrement réglés en

mariage libre; le père, qui garde la puissance sur sa fille, conserve tous ses droits sur sa fortune future : tout ce qu'elle acquiert, il le prend. Réciproquement, la femme restée dans sa famille y conserve tous ses droits de succession et d'héritière sienne. Le chef de famille venant à mourir, si la femme ne doit pas retomber en puissance paternelle, elle devient *sui juris*. Alors elle est dans la même condition que si elle s'était mariée étant *sui juris :* ses agnats deviennent ses tuteurs légitimes, à moins que le père ne lui ait donné un tuteur testamentaire. En tout cas, sa fortune demeure à sa famille, qui lui succédera seule plus tard.

Dans la famille de son mari, la femme, en mariage libre, n'acquiert aucun droit.

On peut donc dire déjà que, dans cette forme d'union conjugale, les deux patrimoines des époux sont dès l'origine et demeurent à tout jamais séparés. C'est, sauf les différences caractéristiques, sauf le nom, la séparation de biens contractuelle du droit français. Ainsi apparaissent, à Rome même, les deux situations dont nous avons fait ressortir l'opposition au début de ce travail : soumission de la femme et communauté de biens, avec la manus ; indépendance de la femme et séparation de biens, avec le mariage libre.

Voilà donc les biens de la femme soustraits au mari; il ne reste plus que la puissance maritale proprement dite sur la personne de la femme. Le mari peut exiger que la femme demeure au domicile conjugal qu'il fixe lui-même ; il donne son nom à la femme. En outre, les attributs principaux, le droit de juger, de châtier la femme, et les autres droits indépendants de la manus demeurent au mari. Mais une autre puissance s'élève, que la femme va invoquer toute seule, le pouvoir de la dot ; le mariage libre a laissé à la matrone la propriété et la direction de sa fortune.

A son tour, le mari va reculer devant le mariage. On l'avait rendu libre pour y appeler la femme ; pour y inviter le mari, il faudra l'appât de la dot. *Interest reipublicæ mulieres salvas dotes habere, propter quas nubere possunt* (D., loi 2, XXIII, 3, *De jure dot.*). Il faut même croire que les Romains demeurèrent encore insensibles à cet attrait nouveau, puisqu'il fallut les lois caducaires pour les faire sortir du célibat, pour encourager, pour ordonner, sous peine de perdre les legs, la paternité légitime. Mais ceci dépasse notre sujet.

Donc le mari exige une dot ; que la fille pauvre reste à l'écart attendant en vain un époux que sa pauvreté éloigne. Mais ce prix du consentement au mariage, demandé à l'épouse par le futur mari, va tourner au détriment de celui qui l'avait stipulé. La femme dotée n'est plus dans la maison la *domina* des anciens jours, égale mais servante du mari, honorée et servie des enfants et des esclaves. C'est le tyran quotidien, fatiguant le mari d'exigences, de réclamations, la bouche pleine de la menace de divorcer, toujours prête à reprendre sa dot et à quitter pour toujours la maison du mari, pour porter sa fortune, sa liberté et son pouvoir despotique à un nouvel époux. Mais cet excès ne fut pas atteint du premier coup. Nous avons vu, sous le régime de la manus, le mari toucher du père une apparence de dot, et devenir propriétaire de l'apport de la femme, à tout jamais, sans charge de restitution.

Quand le mariage libre s'établit, le mari devient propriétaire de la dot, mais il ne la garde plus définitivement; d'abord on stipulera que le mari restituera les biens à la dissolution du mariage, puis cette stipulation sera sous-entendue, et, sauf des différences dans le mode de restitution, le mari rendra à la femme tout ce qu'il en a reçu. Toutefois la dot adventice (car la dot désormais se définit, se classe) demeure au mari en cas de prédécès de la femme (*lucro mariti cedit dos*), la dot *profectice* revient à l'ascendant, la réceptice au tiers constituant qui en a stipulé le retour. Donc, sauf un cas particulier, le mari doit restituer la dot. Deuxième pas de la femme vers l'indépendance : le mari avait d'abord consenti au mariage à prix d'argent, il avait vendu son consentement; maintenant cette dot même, qu'il avait exigée, ne fait plus partie de son patrimoine que provisoirement : au fond c'est la réserve de la femme.

Le mari, propriétaire intérimaire de la dot, peut non-seulement l'administrer, mais encore en disposer, et si l'action en restitution de dot trouve un mari qui a dissipé la dot et qui se trouve en outre personnellement insolvable, voilà la femme sans recours. Quel remède apporter à ce danger? Le grand restaurateur de la famille, le grand promoteur du mariage, Auguste, édicta la loi Julia (737 de Rome): *De fundo dotali*. Désormais le mari ne pourra aliéner la dot sans le consentement de la femme ; en outre, pour protéger celle-ci contre un entraînement trop facile, la dot ne pourra être hypothéquée par le mari, pas même du consentement de la femme. Enfin Justinien compléta cette large protection accordée à la femme dotale, dans un but, il faut l'avouer, plus élevé que celui des anciens législateurs romains. Ceux-ci avaient offert la dot comme appât aux prétendants ; Justinien, sous l'influence des idées chrétiennes, songe à l'intérêt plus noble de la famille, à la nécessité de conserver pour l'avenir le patrimoine commun de la femme et des enfants, pour le présent les biens destinés à subvenir aux besoins du ménage. Il défend l'aliénation de la dot, fût-elle autorisée par la femme. On pouvait dire dès lors que le régime dotal du droit romain était fondé, et pour les Romains, et pour les peuples à venir. La manus est loin, même dans les souvenirs des législateurs : la dot seule forme le trait caractéristique du nouveau régime matrimonial.

Ajoutons que la dot, d'abord inconnue sous la manus, rare plus tard, devient une condition habituelle, presque essentielle du mariage légitime ; c'est à *l'instrumentum dotale* qu'on demandera la preuve la plus sûre de la distinction entre la matrone et la concubine.

Bien plus, la dot devient obligatoire : le père doit la constituer, les agnats tuteurs doivent en pourvoir la femme ; l'État lui-même dote parfois les filles pauvres de ses propres deniers.

C'était beaucoup pour les femmes que le régime dotal, si fortement organisé en leur faveur ; pourtant ce ne fut pas tout. Le mari avait pendant le mariage l'administration et la jouissance de la dot. Les femmes, en se la constituant, firent deux parts de leur fortune : la première comprenant les biens dotaux, pour le mari, l'autre, la véritable réserve de la femme, comprenant les biens paraphernaux. Un mot sur la condition de ces derniers, et nous aurons terminé cette revue du mariage libre et de ses effets. Cette étude est indispensable, puisque c'est entre l'administration des paraphernaux en droit romain et en droit français que l'on peut trouver le vrai point de rapprochement des régimes de droit romain avec la séparation de biens actuelle.

Les paraphernaux sont tous les biens laissés en

dehors de la dot (παρα φερνη); la femme qui veut, en se mariant, s'assurer la plus grande indépendance possible réduira la dot, pour conserver plus de paraphernaux. Tandis que les biens dotaux sont livrés au mari pour les dépenses des époux et des enfants, les paraphernaux demeurent entre les mains de la femme, non-seulement pour la propriété, mais encore pour l'administration; elle en perçoit les fruits, elle en dispose comme elle veut, sans contrôle de la part du mari; tandis que l'immeuble dotal est inaliénable entre les mains du mari, du moins dans le dernier état du droit, la femme peut aliéner son immeuble paraphernal. Y a-t-il quelques actions relatives à ce bien, la femme les possède; y a-t-il des créances paraphernales, la femme poursuit les débiteurs, demande le payement des intérêts, touche les capitaux.

Sans doute la femme pourra, par une convention spéciale, confier au mari l'administration de ses paraphernaux (C., Const. 2, *De pact. sup. dot.*, V, 14); mais le mari n'est alors que le mandataire de la femme, tenu de lui rendre compte; les intérêts qu'il touche peuvent être employés par lui en dépenses communes, mais les capitaux sont réservés pour la femme. Responsable envers elle, il doit donner à ses affaires le même soin qu'aux siennes propres; il répond dans cette limite de ses fautes d'administrateur; il est l'intendant de sa femme.

Peut-il y avoir pour elle situation plus indépendante? N'est-ce pas là dans le bien paraphernal que nous trouvons le vrai coupable, celui qui a favorisé outre mesure les prétentions et les excès des dames romaines? Si la dot leur avait valu tant de libertés, qu'était-ce donc d'un bien qui échappait à toute influence du mari?

D'un autre côté, c'est ici qu'apparaît ce qu'on peut appeler vraiment la capacité de la femme mariée du droit romain; jusqu'ici, sous la manus, même avec la dot, c'est son incapacité que nous exposions, et le vrai sujet, transformé par la force des choses, était l'étude des pouvoirs du mari sur la personne et les biens de sa femme. Mais, avec les biens paraphernaux, la capacité de la femme prend naissance, entière, aussi pleine que si elle était encore en dehors des liens du mariage. Les actes les plus graves lui sont permis, sans qu'elle ait à redouter aucune immixtion de la part du mari (C., Const. 8, *De pact. sup. dot.*, V, 14). Examinons quelques-uns de ces actes.

La femme peut-elle faire son testament? Autrefois, au temps de la manus, la femme, réputée fille de famille, *loco filiæ*, n'avait aucune fortune que sa copropriété dans le patrimoine de la maison; mais elle ne pouvait en disposer assurément, tant qu'elle était *in manu ;* cette copropriété dans le patrimoine de la maison ne lui donnait qu'un droit de succession ; à la mort du mari, elle prenait sa part avec les autres héritiers siens.

Devenue alors *sui juris*, possédant en propre sa part héréditaire, mais soumise à la tutelle de ses agnats, elle ne pouvait disposer de sa fortune, en faisant un testament qui les eût dépouillés. Mais dans cette situation, qui fut plus tard non-seulement celle de la femme sortie de la manus, mais encore celle de la femme qui avait tout d'abord adopté le mariage libre, par une singulière perversion du moyen, la manus qui avait lié la femme au joug va servir à augmenter sa capacité. C'estalors, en effet, qu'apparut la manus *fiduciæ causa*, qui avait pour but de permettre à la femme, soit de tester, soit de changer de tuteur. Quant au testament, il était de principe que la femme ne pouvait tester qu'après une coemptio, suivie de remancipation et d'affranchissement (G., Comm. I, § 115).

Que faisait-on? Le tuteur mancipait la femme à un tiers, avec clause de fiducie, c'est-à-dire en lui faisant promettre de l'affranchir, et, après son affranchissement, l'émancipateur était le tuteur fiduciaire de la femme; tuteur complaisant, qui n'avait plus, comme l'agnat, à sauvegarder les droits de la famille, tuteur désintéressé, tuteur pour la forme; refusait-il son autorisation, le préteur le contraint de la donner (G., I, 190; II, 122); tuteur ridicule, qui faisait dire à Cicéron : « Nos ancêtres avaient donné aux femmes des tuteurs en la puissance desquels elles furent placées, et nos jurisconsultes ont imaginé des espèces de tuteurs qui sont en la puissance des femmes (Discours *Pro Murena*). » Mais aux derniers jours du droit romain, déjà sous Gaius, manus et tuteurs ont fait leur temps et, sans le régime dotal de Justinien, rien n'empêche la femme de faire seule, sans contrôle, un testament sur ses biens dotaux, comme sur ses paraphernaux.

Il y a plus : la femme peut faire une donation, pendant le mariage, sans le consentement de l'époux (C. Const. 6, *De revoc. don.*, VIII, 56). Le législateur romain, poussant la tolérance aux dernières limites, lui permet ainsi de disposer seule d'un patrimoine qui eût pu servir de ressource suprême à la famille.

Ces règles sur la capacité de la femme libre seraient incomplètes, si l'on ne mentionnait la faculté accordée à la femme de s'obliger par ses conventions. Il est naturel que celle qui put donner put à plus forte raison s'obliger : l'obligation est moins dangereuse que la donation et elle a souvent pour corrélatif une créance qui remplace dans le patrimoine du débiteur le bien par lui aliéné. La femme peut donc s'obliger, prendre un engagement dont ses paraphernaux répondront.

Toutefois, en cette matière, un sénatus-consulte demeuré célèbre, le sénatus-consulte velléien (an 46 de Jésus-Christ) vint modifier considérablement la condition de la femme. Il se rattache à la série des incapacités qui dans le droit nouveau avaient succédé à celles du vieux droit romain. Celles-ci avaient eu pour but d'assurer la conservation du patrimoine de la famille de la femme, sous la surveillance des agnats. Les autres furent établies dans l'intérêt public et pour mettre un frein à la licence que l'indépendance des femmes commençait à engendrer. Ensuite apparaîtra une autre considération qui devint d'un grand poids dans les législations modernes : le besoin de sauvegarder la femme contre son inexpérience, sa fragilité.

Dans cet ordre d'incapacités qui concernent toutes les femmes, et non la femme mariée en particulier, signalons la loi Oppia, contre le luxe des femmes ; la loi Cincia, qui, restreignant la capacité d'acquérir par donation, tarissait la source des prodigalités des femmes ; la loi Voconia (585 de Rome), mettant des bornes à la capacité des femmes d'acquérir par testament.

Toutes ces prohibitions ont disparu au temps de Justinien, tandis que le velléien est toujours en vigueur, mais il s'est transformé. Il faisait dès l'origine, on le sait, défense aux femmes d'intercéder pour autrui, c'est-à-dire de s'obliger pour un autre. On les écartait ainsi des offices virils (D., loi 2, § 1, *ad Sen. Vell.*, XVI, 1), et si l'intérêt de leur dot n'était pas le motif de la prohibition, il est pourtant à croire que cette raison ne fut pas sans influence sur la décision du Sénat ;

de même autrefois, Auguste y avait songé, quand il rendit les édits qui défendaient déjà aux femmes l'intercession pour leurs maris (*cod.*, Pr.)

Cette dernière idée reparaît seule dans la législation de Justinien ; il faut protéger la femme mariée, soustraire sa dot aux influences trop fortes du mari. L'intercession pour un tiers sera donc valable si elle a une juste cause (C. Const. 21, 25, *ad sc. Vell.*, IV, 29) ou si l'on reconnaît chez la femme une volonté sérieuse et persistante, c'est-à-dire si elle a réitéré son intercession après deux ans d'intervalle (Const. 22 au *Code*, *ad. sc. Vell.*). Mais l'intercession pour le mari est radicalement nulle, à moins que l'argent n'ait été certainement employé dans l'intérêt de la femme (Nov. 134, chap. 8).

Telle fut, dans ses phases successives, la capacité de la femme mariée, quand le mariage libre fut admis et fit peu à peu disparaître la manus. Telles furent les règles de cette institution, à laquelle nous pourrions donner le nom de séparation de biens contractuelle, et qui se combinait avec un régime dotal, quand la femme s'était constitué une dot. Il faut ajouter quelques mots nécessaires pour préparer aux règles qui seront exposées dans l'étude du droit français. Il exista aussi à Rome une séparation de biens judiciaire ; la femme pouvait obtenir du mari la restitution de la dot, avant la dissolution du mariage, si la dot était mise en péril

(C. Const. 30, *De jure dot.*, V, 12), ou si une nécessité légitime le demandait (D. loi 73, § 1, *De jure dot.*, XXIII, 3). Nous avons donc dans le droit romain le germe des institutions que développera plus tard le droit français, et qui feront l'objet spécial de la deuxième partie de ce travail. Le législateur romain a lui-même émancipé la femme ; elle en abusa : partie de la soumission organisée au sein de la vie patriarcale, elle est devenue la matrone fastueuse et influente des derniers jours de Rome. Les idées chrétiennes se sont déjà fait jour à l'époque où Justinien rédige ses édits. La personnalité de la femme s'accuse davantage, la dignité de la femme reparaît avec la vie de famille et la perpétuité du mariage. Plus tard les invasions barbares vont apporter un large contingent aux principes du droit moderne. Chez les Germains, la femme soumise au *mundium*, mais honorée comme autrefois à Rome, devient un être sacré, dont la faiblesse appellera la protection de l'homme. Le moyen âge et la chevalerie la tiendront en grand honneur, et son influence croîtra. Mais le droit canonique ramène par un détour inattendu les idées des législateurs romains : la femme est, selon lui, un être inférieur à l'homme, la tentation vivante ; le mariage est un mal nécessaire et partant toléré : l'incapacité de la femme passe de la loi romaine dans la loi chrétienne ; sous l'influence de ces idées, le régime dotal reparaît dans nos pays de droit écrit ; le droit canonique ne connait que lui. Cependant les pays coutumiers, oublieux de Rome et de ses lois, vont puiser dans le *mundium* germain des principes analogues à ceux de la manus antique ; la communauté de biens devient le régime préféré. Enfin le Code civil confond tout, ou plutôt accepte tout : communauté et régime dotal s'y trouvent à côté l'un de l'autre ; on y trouve même la séparation de biens non-seulement judiciaire, mais encore la séparation contractuelle, établie au jour du mariage d'un commun accord entre les époux. A son choix, la femme confiera sa fortune au mari ou la conservera propre. Il nous reste à voir ce que sera sa capacité dans ce dernier cas, en combinant la capacité de la femme séparée de biens avec l'incapacité générale à laquelle est soumise en droit français la femme mariée.

DROIT FRANÇAIS.

DE LA CAPACITÉ DE LA FEMME SÉPARÉE DE BIENS.

PRÉLIMINAIRES.

La femme, dans notre législation, perd une partie de son indépendance par le mariage; cela est incontestable, soit au point de vue de sa personne, soit au point de vue de l'administration de ses biens.

On peut même affirmer que cette dépendance de la femme est née d'un sentiment de protection. Les Germains, nos ancêtres, environnaient déjà la femme d'un respect superstitieux.

Tous les historiens l'attestent.

Au moyen âge, la femme est également environnée de respect.

La puissance maritale, du reste, ne nous paraît être qu'un pouvoir protecteur, soit qu'on se place au point de vue des lois civiles, soit qu'on la considère au point de vue du droit pénal.

Le mari et la femme sont tenus, l'un envers l'autre, à certains devoirs sanctionnés par la loi. Par exemple, si la femme commettait l'adultère, il y aurait là un délit qui pourrait entraîner la séparation de corps. Si le mari était en faute, s'il refusait à sa femme l'entrée du domicile conjugal, ou l'alimentation nécessaire, elle pourrait, de son côté, s'adresser à la justice.

Toutefois, le législateur n'a pas cru qu'il fût suffisant de protéger la personne de la femme; il a pris aussi des mesures pour assurer la conservation de ses biens, tant dans son intérêt, qu'en vue de l'avenir de ses enfants, et même dans l'intérêt de la société.

Sans doute des précautions pourraient être prises avant le mariage pour sauvegarder la fortune de la femme, et assurer ainsi, en cas de ruine du mari, l'alimentation de toute la famille. Le régime dotal et la séparation de biens contractuelle semblent être destinés à produire ce résultat; mais, comme les parents des époux, ou les époux eux-mêmes pourraient avoir négligé ces moyens protecteurs, la loi vient, dans tous les cas, au secours de la femme, en établissant, par l'article 2121 du Code civil, une hypothèque légale, qui frappe tous les biens immobiliers du mari, dès le jour où il devient débiteur de sa femme. Cette hypothèque qui vient de la loi, comme les priviléges, en diffère cependant sous plus d'un rapport.

Ainsi, elle n'est pas établie par considération de la cause de la créance comme les priviléges, mais par considération de l'état de dépendance de la femme vis-à-vis de son mari.

Cette hypothèque a été considérée comme tellement nécessaire, pour prémunir la femme contre les dangers éventuels qui pourraient résulter de la mauvaise gestion de son mari, qu'elle ne peut pas y renoncer, quand elle est mariée sous le régime dotal, c'est-à-dire sous celui qui lui assure le mieux la restitution de sa dot. C'est encore pour protéger le patrimoine de la femme, et comme correctif du pouvoir exorbitant que la loi donne au mari administrateur, qu'il est défendu à celle-ci de renoncer par son contrat de mariage à la faculté de délibérer, lors de la dissolution de la communauté, sur le parti qu'il lui convient de prendre, entre l'acceptation et la renonciation. (Art. 1453.)

Même en acceptant, elle ne serait pas assimilée à un héritier; il lui suffirait de faire un inventaire *fidèle* et *exact*, pour n'être tenue des dettes de la communauté que dans les limites de son émolument. (Art. 1483.)

Toutefois, ces deux moyens ne sauraient conjurer le péril, puisqu'ils ne sont pas *préventifs ;* il fallait trouver un préservatif plus efficace et plus salutaire, au lieu de chercher à remédier au mal, lorsqu'il serait accompli. Pour cela les femmes ont deux moyens à employer, l'un au moment du mariage, l'autre pendant son cours.

La femme, que les dissipations antérieures de celui qu'elle va prendre pour époux ont rendue défiante, ou que les conseils de sa famille ont rendue prévoyante, peut imposer au mari, comme condition du mariage, l'adoption du régime de la séparation de biens contractuelle. Nous avons dit dans notre Introduction générale ce que nous pensions de ce régime, et combien il nous semblait étrange que la femme eût assez de confiance en son mari pour lui livrer sa personne et son avenir, et pour lui soustraire l'administration de sa fortune. Toutefois ce cri de réprobation contre la séparation contractuelle ne doit pas nous rendre injustes envers les femmes qui ont de sérieux motifs pour adopter ce régime.

D'abord, le Code civil n'est pas précisément favorable à la femme mariée, quand il s'agit de régler sa capacité. Si le point de vue, tout moderne, de la conservation des biens pour la famille s'est fait jour dans l'esprit du législateur, quand il a voulu sauvegarder son patrimoine contre les entraînements de la femme, toujours est-il que la vieille idée du droit canonique, l'infériorité, la fragilité, l'inexpérience de la femme, lui a, à son insu peut-être, inspiré plus d'une restriction d'une utilité au moins contestable. La femme, en se mariant, peut ne pas vouloir accepter la situation trop dépendante que lui fait le régime de communauté; peut-être va-t-elle se demander pourquoi, veuve ou fille majeure la veille du mariage, et partant reconnue très-capable d'administrer, elle va se trouver le lendemain privée de capacité, et même exclue de la direction que le mari donne à sa fortune.

Peut-être encore la femme est depuis longtemps attachée à son futur époux, malgré le caractère léger et prodigue de celui-ci; peut-être ces défauts n'excluent pas de grandes qualités chez le fiancé. Pourquoi défendre à la femme qui espère trouver le bonheur dans cette union de s'y livrer, tout en sauvegardant sa fortune ? Ne pourrions-nous pas supposer aussi que c'est une veuve qui a des enfants d'un premier lit, et qui veut sauvegarder leurs intérêts?

On pourrait donc, par plusieurs considérations, justifier la séparation de biens contractuelle; d'autres considérations indiquées plus loin et peut-être même plus importantes nous portent à louer le législateur d'avoir conservé dans nos codes l'antique remède de la séparation judiciaire, qui complète sous ce rapport le système protecteur de la femme mariée. Elle aurait pu prévenir les dissipations du mari par le choix du régime; elle pourra arrêter sa ruine en retirant au mari l'administration de ses biens.

La séparation de biens judiciaire a paru atteindre ce but. Aussi ce secours, accordé « à l'épouse malheureuse, disait Berlier, d'un mari dissipateur », ne pouvait pas disparaître de nos lois. Les deux séparations de biens placeront d'ailleurs la femme presque dans la même situation ; cela est si vrai que le Code civil n'a fait nulle part une théorie complète et suivie de la capacité de la femme séparée de biens.

Il nous faudra donc réunir les divers éléments de cette question. Nous le ferons, en parcourant les textes qui ont trait, soit à la séparation de biens judiciaire, soit à la séparation de biens contractuelle ; nous étudierons aussi les règles sur les biens paraphernaux qui termine..t le régime dotal.

Une revue rapide de la capacité de la femme, sous les différents régimes matrimoniaux, ne sera pas inutile, pour faire une comparaison sommaire avec la situation de la femme séparée de biens.

Les époux peuvent adopter la communauté de biens, telle qu'elle est réglée par la loi, ou la modifier par des conventions. Sous ce régime les meubles tombent dans la communauté, et les immeubles restent propres.

Le mari administre, et peut, à ce titre, aliéner à titre onéreux les biens de la communauté, même les immeubles ; il peut aussi les hypothéquer ; mais il ne peut pas les aliéner, à titre gratuit, si ce n'est pour doter les enfants communs.

Quant aux biens de la femme, le mari les administre également. Il exerce les actions possessoires, et peut demander seul un partage provisionnel des biens dont la propriété reste à la femme; quant aux meubles cor-porels de la communauté, le mari peut les aliéner, même les donner, pourvu que ce soit à titre particulier et à condition qu'il ne s'en réserve pas l'usufruit. On lui permet de les aliéner, un à un, s'ils sont corporels, parce qu'on ne peut pas l'empêcher de les livrer, de la main à la main.

Les universalités de meubles, au contraire, qu'on n'aliène que par contrat, seraient inutilement données.

Si les époux ont adopté le régime sans communauté, le mari administre les biens de la femme et en a la jouissance; il peut exercer les actions possessoires, mais les actions pétitoires ne peuvent être exercées que par la femme propriétaire.

Les époux peuvent aussi adopter le régime dotal, avec ou sans modifications.

Sous ce régime, qui semble mieux garantir la con-servation des biens constitués en dot, le mari exerce les actions possessoires, puisqu'il a l'administration et la jouissance. Il a même les actions pétitoires, par suite d'un emprunt intempestif fait aux lois romaines; car, chez nous, il n'est pas considéré comme propriétaire des biens dotaux. S'il exerce ces actions, ce ne devrait être que comme délégué de la femme. Les immeubles constitués en dot sont inaliénables pendant le mariage ; ils sont imprescriptibles jusqu'à la séparation de biens.

Quand même les époux se seraient mariés en adoptant le régime dotal, tous les biens de femme seraient *paraphernaux* ou *extradotaux*, si elle ne s'était rien constitué en dot, et si on ne lui avait rien donné par le contrat qui contient stipulation de ce régime. Ainsi, la paraphernalité, chez nous, est la règle, et la dotalité l'exception. Dans le cas précité, la femme a l'administration et la jouissance de tous ses biens ; elle est pour ses paraphernaux dans la même condition que la femme séparée de biens ; mais elle n'en est pas moins soumise à la puissance maritale, et sa capacité se trouve ainsi amoindrie, à cause du mariage.

Un mot sur les formes du contrat. Disons d'abord que, dans l'état de nos mœurs, ce contrat est ordinairement l'œuvre des parents plutôt que celle des époux.

Nous savons que ce contrat est solennel et à titre onéreux. Il doit être rédigé par un notaire, en présence de deux témoins, et toujours avant la célébration du mariage, à peine de nullité· La forme extérieure est d'ailleurs réglée par la loi du 25 ventôse an XI et par celle de 1843, relatives l'une et l'autre aux actes notariés. Il y faut ajouter les dispositions spéciales de la loi du 10 juillet 1850.

Le contrat de mariage est fait en vue du mariage ; aussi sa validité est-elle soumise à cette condition ta-

cite, que le mariage projeté aura lieu. Il renferme ordinairement des donations qui, dans ce cas, et par faveur pour le mariage, sont régies par certaines règles
spéciales. Les époux ont sans doute une grande latitude
dans ce contrat pour disposer de leurs intérêts pécuniaires; mais il leur est interdit de déroger à la puissance maritale, de changer, en ce qui les concerne,
l'ordre légal des successions.

A défaut de contrat de mariage, les époux sont soumis au régime de la communauté, telle que la loi l'a
réglée.

C'est ici que nous rencontrons de véritables dangers pour la femme, si sa fortune est mobilière; car
tout ce qu'elle a mis dans la communauté pourra
être rapidement dévoré par la mauvaise gestion et les
prodigalités du mari.

Le pouvoir de celui-ci, comme administrateur de la
communauté, est presque sans limites, et la femme,
absorbée par les soins qu'elle donne à la famille, n'ayant
le plus souvent ni contrôle ni surveillance, ne connaî-
tra que trop tard la ruine qui menace l'avenir de ses
enfants. C'est justement pour parer à ce danger que la
loi permet à la femme, qui ne compte pas sur la bonne
administration du mari, de choisir, en se mariant, le
régime de séparation de biens contractuelle. Mais si
elle a négligé ce moyen radical, si elle a confié en se
mariant sa fortune au mari, la loi lui offre une res-

source, bonne quoique tardive, pour sauver quelques épaves de cette fortune près de s'engloutir, celle d'introduire une demande en séparation de biens.

La femme, qui s'est réservé l'administration et la jouissance de toute sa fortune ou d'une partie seulement de ses biens, est ordinairement une femme riche, prévoyante, et versée dans la pratique des affaires ; ce n'est pas celle-là que nous recommanderions à la tendre sollicitude du législateur ; mais comme elle est soumise elle-même à la puissance maritale, source de son incapacité civile, nous examinerons aussi ses pouvoirs relativement à ses biens.

Quand une femme s'est réservée l'administration et la jouissance de tous ses biens, dans son contrat de mariage, elle doit à son mari, sauf stipulation contraire, le tiers de ses revenus, pour l'aider à subvenir aux frais du ménage.

Ce tiers de ses revenus constitue sa dot, et le mari en a l'administration. Si donc ce tiers de revenus était régulièrement et périodiquement saisi par les créanciers du mari, il y aurait lieu à une demande en séparation de biens judiciaire, puisque la dot est détournée de sa destination, qui est l'alimentation de la famille.

Tout en admettant que la femme puisse former une demande tendant à se faire autoriser par le tribunal à reprendre la direction de sa fortune, avant la dissolution du mariage, si *sa dot était en péril*, on a prévu que cette séparation de biens pourrait être le résultat d'une entente entre le mari et la femme. C'est ce qui a donné naissance dans notre droit français à cette règle : que toute séparation de biens est nulle, si elle n'a pas été faite en justice.

La séparation de biens ne saurait donc, pendant le cours du mariage, résulter de l'accord des époux. L'aveu des époux n'aurait pas l'autorité ordinaire d'un aveu, et n'établirait ni l'insolvabilité imminente du mari, ni le désordre de ses affaires.

Les créanciers peuvent donc s'opposer à ce que la séparation soit prononcée, en établissant qu'elle n'est demandée que pour leur soustraire leur gage.

Le jugement qui prononce la séparation doit, de plus, être exécuté à bref délai (quinze jours), sous peine de déchéance, pour prouver que les causes qui l'ont fait prononcer sont réelles et non fictives.

Quand la séparation est prononcée, les pouvoirs du mari ne sont plus aussi étendus que sous l'empire du régime stipulé dans le contrat de mariage, et comme ce jugement a un effet rétroactif (le Code avait besoin de le dire), on doit publier la demande aussi bien que le jugement.

Si la solvabilité du mari se trouve plus tard rétablie, et si l'on espère une meilleure administration, la loi ne s'oppose pas à ce que les époux reviennent, par un nouveau contrat notarié, au régime qu'ils avaient primitivement adopté; mais, toute clause ou condition nouvelle, qu'on voudrait introduire, serait nulle et annulerait le contrat. C'est du moins l'opinion généralement admise, parce que la clause modificative fait partie intégrante du rétablissement de la communauté. On ne peut les séparer l'une de l'autre, sans dénaturer l'intention des parties. Toutefois, les droits acquis aux tiers depuis la séparation, sont respectés.

Si une première demande de la femme en séparation n'était pas admise, parce que les faits articulés dans la requête n'étaient pas suffisamment établis, rien ne s'opposerait à ce qu'une nouvelle demande fût introduite plus tard. De même, si la femme, après avoir obtenu la séparation de biens et avoir ensuite consenti au rétablissement du régime antérieur, avait de nouveaux motifs de craindre pour sa dot, rien ne s'opposerait à ce qu'elle renouvelât la même procédure. Elle n'aurait pas à craindre qu'on lui opposât cette maxime : *Non bis in idem.*

La séparation de biens judiciaire, demandée seule et principalement, a pour but unique de venir au secours d'une femme dont la fortune est en péril, par suite de la mauvaise gestion de son mari. Mais la séparation de biens pourrait n'être que la conséquence d'une autre séparation qui touche de bien plus près aux intérêts de l'ordre social, *la séparation de corps.*

La séparation de bien principale ne peut être introduite que par la femme et ne suppose pas du tout la mauvaise intelligence des époux. La séparation de biens accessoire, au contraire, peut être introduite aussi bien par l'un que par l'autre des deux époux, en ce sens que tous les deux peuvent demander la séparation de corps, qui entraînera la séparation de biens; car ici la demande intervient lorsque la vie commune est devenue impossible, soit par suite de mauvais traitements, soit par suite d'injures ou de sévices tellement graves, qu'on ne saurait souvent laisser plus longtemps sans danger la victime en face du coupable.

Quand les personnes n'ont plus le même domicile, il ne leur est plus possible de confondre leurs intérêts pécuniaires, bien que le lien du mariage ne soit que relâché et non rompu.

C'est pour cela que la séparation de corps entraîne de plein droit la séparation de biens.

Cette séparation de biens n'étant qu'accessoire à la séparation de corps, et n'ayant pas lieu pour les mêmes causes, on conçoit que certaines règles établies pour l'une, comme la publicité de la demande et du jugement, ne s'appliquent pas à l'autre.

Les dispositions de la loi contenues dans les articles 1443 à 1452 concernent la séparation de biens judiciaire et principale; ils ont une portée plus grande qu'on ne le supposerait, si l'on se contentait de considérer la rubrique du Code-civil : « De la dissolution de la

7

communauté et de quelques-unes de ses suites. » J'entends par là que ce n'est pas seulement sous le régime de communauté que la femme peut demander la séparation judiciaire; nous savons qu'elle peut avoir lieu sous quelque régime que les époux soient mariés, puisque sous tous les régimes il y a une dot. (V. les art. 1443, 1531 et 1563).

Ces préliminaires généraux terminés, indiquons le plan que nous suivrons dans la suite de ce travail.

Nous donnerons d'abord une courte introduction historique, la seule que comporte le cadre restreint de cette thèse; puis, entrant aussitôt dans la matière, nous traiterons d'abord de la séparation de biens judiciaire, nous demandant qui peut l'obtenir, quelle procédure on doit suivre, quelles précautions le législateur a prises dans l'intérêt des parties ou des tiers. Entrant ensuite dans le vif du sujet, nous étudierons la situation des époux, quant aux biens, soit à la suite d'un jugement qui a prononcé la séparation de biens, soit à la suite d'une convention du contrat de mariage établissant la séparation de biens. Il faudra alors examiner leur situation, soit entre eux, soit à l'égard des tiers, en ayant soin de signaler les différences qui doivent naturellement se rencontrer entre la séparation de biens judiciaire et celle qui résulte d'une disposition contractuelle. Dans l'un comme dans l'autre cas, d'ailleurs, la femme est frappée d'une certaine incapacité légale, résultant du mariage lui-même. C'est dans cette dernière étude qu'apparaîtront les règles qui déterminent la *capacité de la femme séparée de biens*.

CHAPITRE PREMIER.

DE L'ORIGINE ET DU DÉVELOPPEMENT DE LA SÉPARATION DE BIENS.

On a déjà vu apparaître en droit romain une sorte de régime de séparation de biens, par l'introduction du mariage libre. On a dit aussi que chez les Romains, comme chez nous, la femme pouvait exiger la restitution de sa dot, même pendant le mariage, s'il était démontré au juge que cette dot fût en péril à cause de la mauvaise gestion des affaires du mari, et de son insolvabilité imminente (*si vergit ad inopiam*).

A quelle époque et sous quelle influence la séparation de biens s'est-elle introduite chez nous? Nous ne savons rien de bien positif sur cette question.

On a des raisons de croire cependant que le régime dotal et la séparation de biens suivirent dans les Gaules les cohortes romaines et s'y établirent peu à peu.

Après l'invasion des barbares, ces deux institutions furent comme étouffées sous la barbarie; au commen-

cement du douzième siècle, un savant professeur, Irné-
rius, remit en honneur à Bologne l'enseignement du
droit romain.

Nous voyons d'abord reparaître la séparation de
biens dans le Dauphiné, dans la Provence et dans tous
les pays voisins de l'Italie. Là, en effet, les Romains
avaient fait un plus long séjour, et, par conséquent,
leurs institutions avaient pénétré plus profondément
dans les mœurs.

Dans les pays du nord, au contraire, le fond du droit
n'était pas le droit romain.

Là, on voit apparaître bientôt un nouveau régime,
dans lequel l'homme et la femme, unis par le lien du
mariage, semblent confondre leur bien en un seul patrimoine, dont le mari a l'administration.

Mais, sous ce nouveau régime, le mari abusa peu à
peu de ses pouvoirs, et il arriva fréquemment qu'il em-
ploya à satisfaire ses caprices l'argent destiné à subvenir aux frais du ménage.

Cet abus de pouvoir fit sentir la nécessité de recourir
à la séparation de biens judiciaire pour protéger les
droits de la femme. L'effet de cette séparation fut de
lui restituer l'administration et la jouissance de sa fortune.

Toutefois, dans cette nouvelle situation, la femme
se trouve encore en présence de la puissance maritale :
nous aurons donc à examiner maintenant, en nous pla-

çant au point de vue de la doctrine et de la jurisprudence, quelle est l'étendue de ses droits d'administration et quelle est sa capacité.

CHAPITRE II.

RÈGLES SPÉCIALES A LA SÉPARATION DE BIENS JUDICIAIRE.

SECTION PREMIÈRE.

Dans quels cas la séparation de biens peut-elle être demandée?

Le Code civil répond en ces termes à cette question :
Article 1443, § 1. « La séparation de biens ne peut
» être poursuivie qu'en justice par la femme dont la
» dot est mise en péril, et lorsque le désordre des
» affaires du mari donne lieu de craindre que les biens
» de celui-ci ne soient pas suffisants pour remplir les
» droits et reprises de la femme. »
Nous remarquons tout d'abord qu'il n'est pas nécessaire, pour que la séparation de biens puisse être demandée, que le mari soit déjà insolvable : il suffît qu'il soit entré dans de mauvaises spéculations, et qu'ainsi la femme ait de bonnes raisons de craindre pour ses droits. C'est là une question de fait, dont l'appréciation est réservée au tribunal saisi de la demande.

De ces mots : *Lorsque le désordre des affaires du mari donne lieu de craindre que les biens de celui-ci ne soient pas suffisants*, nous tirons la conséquence que nous venons d'indiquer.

En cela nous sommes d'accord avec le droit romain et l'ancien droit français.

Dans les pays de droit écrit, on s'en rapportait à cet égard aux lois romaines, notamment aux lois 22 et 24 du Digeste, *soluto matrimonio*, à la loi 29, au Code, *de jure dotium*, et à la novelle 97 (chap. VI). Quant aux coutumes, les unes exprimaient, par des formules quelquefois vagues, les faits pouvant motiver la demande, tandis que d'autres restaient muettes à cet égard.

Celles de la première classe se référaient, par leur esprit du moins, sinon par la lettre des expressions dont elles se servaient, aux principes des lois romaines. Dans les coutumes muettes avait prévalu cette doctrine, dit Merlin, qu'il fallait consulter la coutume voisine pour y trouver la solution de la question demandée. Si celle-ci ne s'en expliquait pas davantage, on devait s'en référer à l'esprit des autres coutumes. En supposant que l'espèce n'eût pas été prévue, on devait, selon Dumoulin, chercher la solution dans les lois romaines. C'était là la *raison écrite* qui devait servir de guide, à défaut de règles précises ; on devait donc, dans bien des cas, se déterminer pour les causes admissibles de séparation de biens, par les considérations indiquées par les lois romaines.

On doit conclure, de l'absence dans la plupart des coutumes d'un texte précis sur ces causes et de l'obligation de s'en référer au droit romain, mais comme *raison écrite* et non *comme loi,* qu'une grande liberté d'appréciation était réservée au juge.

A défaut de texte, le bon sens dirait assez que la séparation de biens peut et doit être demandée dès que le mauvais état des affaires du mari fait craindre son insolvabilité imminente.

Puisque la séparation de biens judiciaire a pour but de protéger la femme et de sauvegarder ses droits, il est bien évident que celle-ci peut agir avant que son mari soit ruiné. Si l'on décidait autrement, on rendrait vaine et dérisoire la protection que la loi lui accorde. Nous pensons donc que la séparation de biens peut être demandée dès qu'il y a désordre des affaires du mari, c'est-à-dire insolvabilité imminente.

Peu importe que cet état des affaires du mari, et cette insolvabilité, qui est à craindre, soient la conséquence de son inconduite, de sa mauvaise gestion, ou le résultat de malheurs qui ne lui sont pas imputables. En cas de ruine du mari, la femme ne serait-elle pas obligée de fournir elle-même, sur ses propres biens, à l'entretien de la famille ? Ne devrait-elle pas pourvoir aux besoins de son mari ? Cela n'est pas dou-

teux, puisque le Code nous dit, dans l'article 212 :
Les époux se doivent secours et assistance.....

Lebrun et Pothier n'étaient pas d'accord sur la question de savoir s'il suffisait, pour que la séparation de biens fût prononcée, qu'il y eût insolvabilité imminente du mari, quelle que fût d'ailleurs la cause qui l'avait amenée.

Pothier pensait que la cause de l'insolvabilité importait peu ; et, comme c'est là le guide habituel des rédacteurs du Code civil, il y a lieu de penser que l'opinion de cet éminent jurisconsulte est bien celle qu'ils ont voulu adopter. D'ailleurs, il n'y a dans le texte aucune distinction. Si l'on n'autorisait la séparation que dans le cas où le désordre des affaires du mari proviendrait de l'inconduite de ce dernier, on irait contre l'esprit de la loi. La volonté du législateur a été évidemment de donner à la femme la protection la plus large, au moyen de la séparation de biens, et de la prémunir ainsi contre les dangers qui pourraient résulter, pour elle et ses enfants, des pouvoirs excessifs attribués à son mari.

Si, au contraire, le désordre des affaires du mari résulte non pas de son fait, mais de celui de sa femme, qui s'est livrée à des dépenses de toilette, ou autres, sans tenir compte du budget de la famille, peut-elle, même dans cet état, demander la séparation de biens judiciaire ?

On devra, croyons-nous, l'admettre; d'abord, parce que la loi qui parle du danger pour la femme de perdre sa dot, c'est-à-dire ce qui lui appartient ou devra lui appartenir, ne distingue pas; ensuite, parce que si la femme a fait des dépenses excessives, c'est que son mari l'a bien voulu.

Est-ce que le mari ne serait pas tenu de payer les dettes de la femme, s'il les a connues et autorisées?

La femme n'a été que le mandataire du mari ; elle ne s'oblige pas elle-même, mais elle oblige son mari. C'est donc comme si le mari avait lui-même fait ces dépenses, puisqu'elles ont été faites avec son assentiment. Il est bon aussi de remarquer que la séparation de biens a été introduite dans l'intérêt de la famille, de tous ceux qui ont droit à des aliments.

L'état des affaires du mari, et peut-être aussi les mauvais procédés de celui-ci, ont déterminé la femme à fuir le domicile conjugal; est-ce une raison suffisante pour que l'action en séparation de biens soit rejetée?

Nous ne le pensons pas, attendu que la loi ne considère ici que les intérêts pécuniaires, dans l'intérêt même de la famille, qui ne doit pas en souffrir, et parce que le mari n'est pas autorisé à dévorer une fortune qui sera celle de ses enfants, pour se venger de sa femme, bien que celle-ci méconnaisse ses devoirs. La jurisprudence est de cet avis.

Remarquons ici qu'une femme ne peut demander

la séparation de biens qu'en prétextant un changement d'état dans les affaires du mari.

Celle qui épouse un homme insolvable, sans état,
et sans profession qui puisse lui fournir des moyens
d'existence, savait ce qu'elle faisait, et s'offrait alors
à fournir, sur ses biens, aux besoins du ménage. Elle
pouvait stipuler la séparation de biens contractuelle,
et ne saurait avoir droit à une séparation de biens
judiciaire.

Mais une femme exerce une profession lucrative,
elle est sans fortune patrimoniale, mais elle réalise
des bénéfices considérables par son travail, son industrie. Dans cet état, elle se marie avec un homme qui
est sans fortune aussi, mais qui lui paraît économe et
de bonnes mœurs; le mariage consommé, elle a la
douleur de voir dissi   par son mari, en folles dépenses, le fruit d   ours; aura-t-elle le droit de
demander la sép ation de biens judiciaire? Nous le
pensons, d'autant mieux, que la rémunération de ses
travaux est toute sa fortune!

Elle pourra alors mettre en réserve ses économies
pour pourvoir aux besoins de sa famille, et même établir ses enfants.

Le Code ne donne pas, il est vrai, d'action aux enfants pour obtenir une dot, comme dans l'antiquité,
mais il impose aux parents l'*obligation* de les nourrir
et de les élever.

Pour que la femme puisse remplir cette obligation, nous pensons qu'il faut lui accorder le droit de demander la séparation de biens, lorsque le mari voudrait dissiper ses économies.

Il faut, avons-nous dit, qu'il y ait désordre dans les affaires du mari, et que ce désordre soit tel, que la femme puisse craindre que ses droits éventuels soient en péril, quand même la famille ne serait pas encore dans l'indigence, par suite de la saisie périodique des revenus du mari.

Ce point, reconnu par tout le monde aujourd'hui, l'était déjà dans l'ancien droit, par tous les interprètes des lois romaines.

Mais, si le mari a assez de biens personnels pour répondre de la dot et des reprises éventuelles que la femme pourrait avoir le droit d'exercer, quelle décision faudrait-il adopter? C'est une question de fait, et non une question de droit. En effet, l'hypothèque légale de la femme sur les immeubles peut devenir une garantie insuffisante. Ne peut-on pas diminuer la valeur des immeubles, les dégrader et les détériorer? Ne peut-on pas, par exemple, abattre une forêt, ou enlever d'un édifice les colonnes et les statues qui en constituent la valeur? et nous savons que les meubles ne sont pas susceptibles d'un droit *de suite* par hypothèque.

Mais, si un tiers, dont la solvabilité est reconnue,

offre de s'engager comme caution du mari, y aurait-il là une raison suffisante pour refuser la séparation ?

Cette question, controversée dans l'ancienne jurisprudence, l'est encore de nos jours.

Dès que le mari a dissipé son patrimoine, dirons-nous, et les apports de sa femme, il y a évidemment désordre dans les affaires du mari. D'ailleurs, aucun texte n'autorise à substituer une autre garantie à celle qui est indiquée par l'article 1443. Celui qui doit fournir caution est admis, il est vrai, à donner une hypothèque, comme équipollent ; mais c'est là une disposition exceptionnelle, qui ne peut pas être étendue par analogie.

Ainsi l'a jugé la Cour de Cassation.

Toutefois, d'éminents jurisconsultes ont soutenu le contraire.

Si le mari ne fait pas emploi des deniers dotaux que la femme s'est réservés comme propres, par son contrat de mariage, y a-t-il là une raison suffisante pour demander la séparation?

Cette situation, dirons-nous, n'est pas celle qui autorise la séparation, aux termes de notre article, et il n'est pas démontré, par cette circonstance seule, que la dot de la femme soit mise en péril.

L'absence même du mari, quoique prolongée au delà de cinq ans, ne suffirait pas pour autoriser la femme à demander la séparation de biens.

En cas de démence de la femme, son mari est de plein droit son curateur, lorsqu'elle est en état d'interdiction.

Qui, dans ce cas, pourrait introduire la demande en séparation de biens, si les dissipations du mari mettaient en péril la dot de la femme? Le cas n'est pas prévu par la loi. Cette interdiction de la femme nous met en présence d'une loi de 1838, sur les aliénés, qui fait naître une question bien délicate.

En vertu de cette loi, un mari avide et mal intentionné pourrait facilement étendre la main sur la fortune de sa femme. Muni d'un certificat de médecin complaisant, qui attestorait la folie, il peut faire arrêter sa femme et la faire conduire dans une maison d'aliénés. Devenu alors l'administrateur de ses biens, libre et sans contradicteurs, il pourra s'abandonner à tous ses caprices ; il pourra gaspiller, dévorer les apports de sa femme et sa fortune personnelle.

Qui pourrait alors former la demande en séparation de biens au nom de la femme incarcérée? Sera-ce le mari ? Sera-t-il en même temps demandeur et défendeur ? Le Code est muet ; mais nous pensons que le ministère public, protecteur des incapables, pourrait intervenir.

La démence du mari, pas plus que son éloignement momentané du domicile conjugal, ne peut motiver la demande en séparation de biens, s'il n'y a pas *désord. e des affaires du mari* et si son insolvabilité ne paraît pas imminente. Il est des causes qui pourraient faire prononcer la séparation de corps, telles qu'une jalousie outrageante, des sévices, des injures, etc, etc., et amener ainsi, par voie de conséquence, la séparation de biens; mais les effets de cette séparation ne sont pas les mêmes : ici, pas de rétroactivité, mais seulement faculté d'attaquer les actes frauduleux qui ont été faits pendant le cours du procès (voir la loi de 1816 qui abolit le divorce).

L'article 1443 a-t-il prévu deux situations, ou une seule quand il dit : *Par la femme dont la dot est mise en péril*, etc., etc., et lorsqu'il ajoute : *Pour remplir les droits et reprises de la femme?*

Les motifs de la demande en séparation de biens sont toujours les mêmes : c'est toujours le péril auquel sa dot est exposée qui décide la femme à recourir à ce remède; mais la situation dans laquelle elle se trouve peut varier selon les cas : ainsi, elle peut être créancière de la communauté, et à ce titre elle pourrait se payer sur les biens communs. Nous pouvons supposer aussi qu'elle avait mobilisé un immeuble, et que la communauté, quoique devenue propriétaire, en vertu de cette clause d'ameublissement, n'avait pas encore aliéné ce bien, au moment de la dissolution de la communauté.

Dans ce cas, la femme a le droit de *retenir* cet immeuble, dit la loi, à condition d'indemniser la communauté. Par là, les rédacteurs du Code ont voulu dire que la femme pourrait reprendre la propriété de son immeuble, en payant la valeur qu'il aurait au moment de la dissolution de la communauté.

Supposons encore une femme mariée sous le régime dotal. Elle apporte en dot au jour du mariage vingt mille francs. Elle a hypothèque sur les immeubles que le mari possède ce jour-là; mais si elle recueille plus tard des successions, si elle reçoit des donations, le mari qui a reçu en son nom devient débiteur de sa femme du jour de l'ouverture de la succession, ou du jour de l'acceptation de la donation. Le mot *dot*, dans la pensée de la loi, désignerait ce qui lui est dû du jour du mariage, et le mot *reprises* indiquerait ce qui *éventuellement* peut lui être dû, en vertu des causes postérieurement survenues. Pour apprécier les effets de l'hypothèque, il y a lieu de distinguer; mais, au point de vue de la séparation de biens, il est indifférent de savoir en vertu de quelle cause et à quel moment la femme peut devenir créancière de son mari; dans tous les cas, elle a besoin de s'assurer des garanties, de faire des actes conservatoires pour sauvegarder ses intérêts éventuels.

Mais, dira-t-on, la dot comprend tout ce qui est attribué au mari par la femme ou par la loi en compensation des dépenses qu'il est obligé de faire pour fournir aux besoins du ménage ; donc il y a là donation acceptée, et, pourvu qu'il remplisse les conditions de la donation, il est libre de disposer de ce dont il est légitimement propriétaire.

Cet argument n'est que spécieux. La dot est destinée à subvenir aux charges du mariage, et par conséquent, non-seulement aux besoins du mari, mais encore à ceux de la femme et des enfants. Si le mari se conduit de telle manière, qu'en continuant il fasse disparaître ce qui doit assurer l'alimentation de la famille, il est à craindre qu'il ne puisse plus remplir ses obligations.

Le *fonctionnement* de la dot étant arrêté, ou sur le point de l'être, il devient nécessaire de faire des actes conservatoires de la dot, pour assurer, dans l'intérêt même de l'ordre social, l'alimentation de la famille. De là dérive le droit qu'a la femme d'enlever au mari qui en abuse l'administration de ses biens.

Le mari a sans doute une grande latitude d'administration; mais la loi a mis à ses pouvoirs un certain nombre de contrepoids, parmi lesquels se range la séparation de biens.

Suffit-il que les revenus des propres de la femme soient périodiquement saisis, pour que la séparation doive être prononcée, quand même le capital ne serait pas menacé?

L'affirmative a été admise par plusieurs arrêts et jugements.

On se demande aussi quelle décision il faudrait adopter, lorsque la partie de la dot, qui ne consiste qu'en revenus, serait saisie ? L'article 1413, a-t-on dit, n'a de rapport qu'au péril du fond dotal ; il reste étranger à la dissipation des fruits.

Une telle opinion ne doit pas prévaloir, croyons-nous, attendu que l'article 1413 dit : « qu'il y aura lieu à séparation, en cas de péril de la dot » Qu'est-ce donc que la dot ?

L'article 1510 répond à cette question : « La dot est » le bien que la femme apporte à son mari, pour sup- » porter les charges du mariage ; » or, sous le régime de communauté, les revenus des propres de la femme sont apportés au mari pour supporter les charges du mariage ; donc nous pouvons affirmer que les revenus des propres sont compris sous l'expression : *Dot,* et doivent donner lieu à l'application de l'article 1443.

Supposons maintenant les époux mariés sous le régime dotal, ou sous le régime sans communauté ; la dot ne comprend dans le premier cas que la jouissance des biens dotaux, c'est-à-dire constitués en dot, et dans le second que la jouissance de tous les biens de la femme, déduction faite des portions de revenus qu'elle s'est réservé le droit de toucher sur sa quittance, en vertu de son contrat de mariage.

Si le mari fait un mauvais emploi des revenus qui constituent sa dot, et refuse à la famille le *bien-être* auquel elle peut prétendre, il est bien certain que la femme a le droit et même le devoir de demander la séparation de biens, pour reprendre possession de la dot, afin qu'elle ne soit plus détournée de sa destination naturelle.

Supposons maintenant que les époux soient séparés de biens conventionnellement ; dans ce cas encore, la femme a une dot ; c'est la portion de ses revenus qu'elle doit fournir pour supporter les charges du ménage (art. 1448 et 1537).

Si le mari détourne de sa destination cette portion des revenus de sa femme, la séparation de biens judiciaire doit avoir lieu pour les mêmes motifs. Le jugement, dans ce cas, aura pour objet d'autoriser la femme à employer elle-même cette part de ses revenus à l'alimentation et à l'entretien de sa famille, sans en confier l'administration à son mari.

Quand même la femme n'aurait pas apporté de dot à son mari, elle n'en aurait pas moins le droit de demander la séparation de biens. Et en effet, si elle n'a pas encore de dot, si elle ne possède rien au moment de son mariage, elle peut acquérir des biens sur lesquels son mari aurait droit ; et n'aurait-elle que les bénéfices qu'elle peut se procurer par ses travaux, elle ne mériterait que plus la protection de la loi, si son mari dissipait par ses folles dépenses un capital aussi précieux.

Les faibles ressources de cette femme laborieuse, qu'elle soit artiste, professeur ou ouvrière, sont une dot, puisqu'elle les livre à son mari pour subvenir aux frais du ménage.

Il y a un cas particulier où la femme nous paraît devoir obtenir la séparation, quoiqu'elle n'ait pas de dot quant à présent, et qu'elle n'ait pas les gains d'une industrie à sauvegarder : ce cas est celui du mariage en communauté ; sous ce régime, la femme aura toujours quelque chose à conserver, son droit éventuel à une partie de la communauté. L'article 1413 nous parle des *reprises* de la femme : il importe d'être fixé sur la valeur de ce mot.

Nous entendons par *reprises* les droits que la femme peut exercer à la dissolution du mariage. Si la femme est mariée sous le régime de la communauté, elle a le droit de reprendre, avant tout partage, ses propres mobiliers ou immobiliers, et si d'autres biens leur ont été substitués, elle a pareillement le droit de les prélever avant tout partage.

S'il n'a pas été fait emploi du prix provenant de la vente de ses propres, ou si elle n'accepte pas le remploi, elle a le droit de prélever la somme qui lui est due.

En outre, elle a le droit de se faire payer aussi, avant tout partage, les indemnités qui sont dues par la communauté ou par le mari (Art. 1470 et 1493).

Mariée sous tout autre régime, la femme reprend, à la dissolution du mariage, ou dans un délai déterminé par la loi, suivant les cas, tous ses biens dont la propriété n'a pas été transférée au mari, ceux qui leur ont été subrogés, ou leur prix, s'ils ont été valablement aliénés. Enfin, elle peut réclamer l'estimation de ceux dont la propriété a été transférée au mari, *dotis causa* (voir les art. 1551, 1532, 1564 et 1565). Nous savons déjà que toutes les créances que la femme peut exercer contre son mari, à cause du mariage, sont garanties par une hypothèque légale (art. 2121). Tels sont en général les droits que la femme peut exercer à la dissolution du mariage, et qu'on désigne sous la dénomination un peu vague de *reprises*.

L'article 1443 nous dit encore que la séparation peut être demandée lorsque le désordre des affaires du mari donne lieu de craindre que les biens de celui-ci ne soient pas suffisants pour remplir *les droits de la femme*.

Ici encore, nous nous demandons ce que le législateur a pu vouloir exprimer par ces mots : *les droits de la femme?* La dot, aussi, est l'objet des droits de la femme, puisque c'est un bien qu'elle apporte à son mari pour participer ainsi aux charges du mariage.

En droit romain, on admettait déjà que, durant le mariage, la femme avait des droits à exercer relatifs à la dot, tels que l'action en garantie, et nous pensons que le Code civil proclame les mêmes principes. Ces droits sont des droits de créance ou des droits de propriété ; mais, puisque l'article 1413 a nommé expressément la dot et les reprises à côté *des droits* de la femme, le mot *droits* doit avoir, dans cette disposition, une signification restreinte, et n'embrasser que des droits autres que ceux qui ont été nommés ; cela semble vouloir dire, sous une formule vague, et les autres droits moins importants, que l'on ne désigne pas ici.

La loi fait peut-être allusion, ici, au droit éventuel à une part dans la communauté. Une part, en effet, appartient à la femme commune, pour le cas où la communauté vient à se dissoudre durant le mariage.

Ce droit ayant pour base cette idée que, la femme a contribué chaque jour avec son mari, par des apports, par les gains de son industrie, ou par ses soins domestiques, à la conservation et à l'accroissement de l'actif social, on comprend qu'une part dans les biens de la communauté lui soit légitimement due.

Quand même elle n'aurait fait aucun apport à titre de dot, et quand même elle n'aurait exercé aucune industrie lucrative, elle aurait néanmoins droit, ainsi que nous l'avons déjà dit, et pour les mêmes motifs, à une action en partage des biens de la communauté.

Nous avons vu les cas dans lesquels la femme pouvait former une demande en séparation de biens ;

voyons maintenant par qui cette demande peut être introduite.

Le Code, article 1443, va nous éclairer à cet égard :

§ I. « La séparation de biens, dit-il, ne peut être » poursuivie qu'en justice, par la femme; » et l'article 1446 ajoute immédiatement : « Les créanciers » personnels de la femme ne peuvent, sans son » consentement, demander la séparation de biens. »

« Néanmoins, en cas de faillite ou de déconfiture du » mari, ils peuvent exercer les droits de leur débi- » teur, jusqu'à concurrence du montant de leurs » créances. »

De tout ce que nous venons de lire, dans nos deux articles 1443 et 1446, il résulte que la femme seule a le droit de demander la séparation de biens. La raison en est que ce droit a été accordé pour protéger la femme, qu'il n'a été créé que pour elle, et comme correctif des pouvoirs du mari, pouvoirs dont il pourrait abuser au grand détriment de la famille. Il suit de là que le mari ne saurait l'invoquer à son profit contre la femme.

C'était l'avis de Pothier, mais Lebrun suivait une opinion contraire, et citait à l'appui de son sentiment trois hypothèses où le mari lui-même pouvait l'obtenir, et entre autres, le cas où les affaires de la femme étaient si *intriguées, que l'application et la fortune du mari n'y suffisaient pas.*

Il donnait encore pour exemple le cas d'un mari dont la femme se trouvait engagée dans un procès encore indécis. Toutefois, un arrêt de la Grand'Chambre du Parlement de Paris avait rejeté cette doctrine, et l'opinion de Pothier avait prévalu.

Aux termes de l'article 1166, les créanciers peuvent exercer tous les droits et actions de leur débiteur, à l'exception de ceux qui sont exclusivement attachés à sa personne. On n'a pas permis aux créanciers de la femme d'exercer, malgré elle, le droit de demander la séparation de biens, et c'est avec raison qu'on a rangé ce droit parmi ceux qui sont attachés à sa personne.

C'est qu'il y aurait un grave inconvénient à autoriser des tiers, guidés uniquement par des motifs d'intérêt, à pénétrer dans les affaires d'une famille pour en divulguer les secrets. C'eût été d'ailleurs faire naître des motifs de mésintelligence entre les époux, dont on se serait permis de critiquer les actes avec amertume. Entre les époux, disait la loi romaine, *res amare non sunt tractandæ*.

On a donc sacrifié les intérêts purement pécuniaires des créanciers de la femme à un principe d'un ordre plus élevé, à un principe de morale, la bonne harmonie entre les époux. Les lois romaines n'admettaient pas davantage que la femme pût être forcée à se faire restituer sa dot par son mari, parce que, d'après la constitution unique au Code : *Ut nemo invitus,* personne ne doit être forcé d'accuser la conduite de quelqu'un (ce qui doit s'appliquer à la demande en séparation de biens qu'on dirige contre le mari, en l'accusant d'avoir mal administré).

Les créanciers peuvent assurément demander la séparation au nom de la femme, si elle y consent, parce qu'alors ils paraissent être ses mandataires.

De ce que les créanciers ne peuvent introduire la demande en séparation de biens qu'au nom de la femme, et comme exerçant un mandat, il s'ensuit que, si elle retire son consentement, ils ne peuvent pas continuer les poursuites; mais alors qui payera les frais engagés? Le mandant est responsable, dirons-nous, de ce qui a été fait par le mandataire, dans l'exécution du mandat, jusqu'à sa révocation. Lorsque le mari est en faillite, ou en déconfiture, malgré le *néanmoins* contenu dans le deuxième paragraphe de l'article 1446, nous croyons que les créanciers de la femme n'acquièrent pas le droit de demander la séparation de biens au nom de la femme, leur débitrice, à moins qu'ils n'aient reçu d'elle, comme il a été dit, mandat d'agir en son nom; ils pourront seulement exercer les droits de la femme contre le mari, tombé en faillite, ou en déconfiture.

Ils se payent de ce qui leur est dû, sur la dot, les reprises et la part de communauté à laquelle la femme aurait eu droit, après avoir fait prononcer la sépara-

tion de biens. De quoi pourraient-ils se plaindre, puisqu'ils reçoivent tout ce qu'ils auraient pu obtenir, si
la femme, leur débitrice, avait été séparée de biens.

Quant aux époux, ils restent, dans leurs rapports
entre eux et dans leurs rapports avec les tiers, pour
l'avenir, mariés sous le régime établi par leur contrat
de mariage, dont ils ne peuvent pas et ne doivent pas
s'écarter, tant que la femme n'a pas demandé et obtenu la séparation de biens, pour dissoudre la communauté, si communauté il y a.

Après le décès de la femme qui avait intenté l'action
en séparation, on ne peut pas dire que cette action ait
été introduite contre son gré ; quel intérêt, d'ailleurs,
peut-il y avoir à tenir secrète l'administration du
mari? Nous ne voyons donc aucune raison qui puisse
nous faire décider que les créanciers de la femme
ne pourront pas continuer l'instance commencée par
l'épouse, aujourd'hui décédée.

C'est là aussi le sentiment que l'on suivait dans l'ancienne jurisprudence.

SECTION II.

Formes de la demande.

Les règles à suivre pour obtenir la séparation de
biens ont été combinées de manière que la protection donnée à la femme ne lui devienne pas inutile, et,

cependant, ne soit pas une cause de préjudice pour les tiers.

Elles sont au nombre de cinq :

1° Il faut l'intervention de la justice dans toutes les séparations de biens (C. C., 1443) ;

2° La demande et le jugement doivent être publiés (C. C., 1445 ; Pr. C., 866 et s., 872.) ;

3° Les moyens de preuve, à l'égard des faits qui doivent servir de base à la demande, diffèrent des moyens ordinaires admis dans les enquêtes. Ainsi, peu importe que les faits servant de fondement à la demande soient avoués par le mari, la femme n'en devra pas moins prouver la vérité ; et cela pour éviter entre les époux une collusion qui déguiserait une séparation volontaire (Pr. C., art. 870).

4° L'exécution du jugement qui a prononcé la séparation doit être commencée dans la quinzaine, et le payement des droits de la femme doit être effectué par un acte authentique (art. 1444).

5° Les personnes intéressées à contredire peuvent intervenir dans l'instance en séparation, et elles peuvent même faire tierce opposition contre la sentence qui leur préjudicie (C. C., 1447 ; Pr. C., 873).

Ces cinq classes de précautions seront examinées dans les sections qui vont suivre.

SECTION III.

De l'intervention de la justice dans les séparations de biens.

Les séparations de biens volontaires étaient tolérées dans les lois romaines; mais elles furent prohibées dans l'ancien droit français; c'est ce que l'on voit dans la coutume de Paris, rédigée pour la seconde fois en 1580. Le Code civil a consacré l'ancien droit sur ce point.

La loi a voulu que les séparations de biens eussent lieu au grand jour, devant la justice, afin d'empêcher que l'un des époux, dépendant ou inexpérimenté, ne fût exploité par l'autre, dans une séparation faite à l'amiable.

Il fallait aussi surtout rendre impossibles ou très-difficiles les fraudes que les conjoints voudraient pratiquer à l'égard des tiers, par l'effet d'un contrat clandestin. « Les séparations de biens, disait Bourjon, sont *ordinairement collusoires* entre les époux. »

En ordonnant que toutes les séparations de biens soient faites en justice, le législateur semble témoigner l'intention d'investir les juges d'une mission toute de confiance; il n'a pas voulu seulement remettre entre leurs mains les intérêts de la femme et ceux des créanciers du mari; il semble plutôt avoir voulu les charger d'apprécier, suivant les règles de l'équité, les faits sur lesquels repose la demande, et leur commander de la rejeter, si elle leur paraissait inspirée par une crainte puérile ou par l'animosité.

La nullité que prononce l'article 1413 atteint les séparations volontaires sous quelque forme qu'elles soient dissimulées.

Ainsi une transaction qui aurait pour objet de produire la séparation de biens entre les époux serait complétement nulle, quand même la femme aurait été en droit d'obtenir la séparation judiciaire; car il ne saurait être permis de faire indirectement ce qu'il n'est pas permis de faire directement.

La séparation volontaire étant nulle de plein droit, on ne pourrait l'opposer, ni aux époux eux-mêmes, ni, à plus forte raison, aux créanciers; puisque la séparation volontaire est nulle, de quelque manière qu'elle se produise, les droits du mari ne peuvent pas être lésés, quand même il l'aurait exécutée sans protestation, car il n'y a pas ici obligation naturelle, volontairement exécutée.

Toutefois le mari ne pourrait redemander les fruits qui auraient été consommés et affectés aux besoins de la famille.

Le mari peut se prévaloir de la nullité de la séparation, après comme avant la dissolution du mariage, et la femme doit avoir le même droit. Mais si la femme,

par suite d'une exécution volontaire, avait reçu ses
meubles contre quittance, aurait-elle encore droit de
les réclamer, après la dissolution du mariage, comme
si elle ne les avait pas reçus?

Il faut, croyons-nous, faire une distinction nécessaire pour résoudre cette question. La femme, en effet,
ne peut pas, même en vertu d'un acte nul, s'enrichir
aux dépens du mari. Il y aurait aussi lieu de distinguer
si les époux sont mariés sous le régime dotal ou sous
tout autre régime.

En droit romain, le mari qui avait restitué sa dot
par anticipation, et sans juste cause, n'était pas libéré
de son obligation de restituer, à la dissolution du mariage.

Dans notre ancien droit, ce point n'était pas con-
testé dans les pays de droit écrit. Il nous semble qu'il
doit en être encore de même, dans le droit actuel, sous
le régime dotal, qui s'est conservé avec le même caractère protecteur des intérêts de la femme.

Supposons maintenant que les époux soient mariés
sous un régime antre que le régime dotal. Il faudrait
peut-être alors adopter une autre solution, et dire que
la femme ne peut pas et ne doit pas obtenir un second
payement.

La raison pour laquelle nous adopterions une autre
solution, c'est que, sous les régimes de communauté ou
sans communauté, l'intérêt de la dot ne prévaut pas

sur les idées modernes admises en matière d'économie politique ; les intérêts du commerce et de l'industrie, en effet, s'accommodent mal des restrictions apportées à l'aliénation de la dot. Sous ces régimes, la femme n'est pas frappée de l'incapacité de compromettre sa créance. Toutefois, nous reconnaissons que la question est très-délicate.

La demande en séparation, et la requête qui doit en exposer les motifs, article par article, doit être adressée au juge du domicile du mari, comme dans l'ancienne jurisprudence. Elle est dispensée du préliminaire de conciliation devant le juge de paix du défendeur, parce qu'elle n'est pas susceptible de transaction.

SECTION IV.

De la procédure relative à la séparation de biens et de sa publicité.

La femme qui veut agir en séparation adresse au président du tribunal civil du domicile de son mari une requête signée par un avoué, contenant les motifs sur lesquels elle prétend fonder son droit à la séparation de biens, et conclut en demandant au président l'autorisation qui lui est nécessaire pour assigner son mari.

Le président répond à cette requête par une ordonnance mise au bas de cette demande.

Il n'a pas le droit de refuser l'autorisation qui lui est demandée, quelque mal fondées que soient les prétentions de la femme : il ne peut que faire des observations.

La femme devrait s'adresser au tribunal saisi de la demande pour obtenir un jugement provisoire prescrivant les mesures conservatoires nécessaires, l'autorisant, par exemple, à former des saisies-arrêts, à faire apposer des scellés, etc.

Toute demande en séparation de biens doit être rendue publique par voie d'affiche et par insertion dans les journaux.

De l'article 1445 du Code civil, il faut tirer cette conséquence que l'omission des formalités prescrites par l'article 872 du Code procédure entraînerait la nullité de l'exécution (art. 1445 du Code civil).

L'article 872 du Code de procédure civile nous dit encore : « La femme ne pourra commencer l'exécution » du jugement que du jour où les formalités ci-des- » sus auront été remplies, sans que néanmoins il soit nécessaire d'attendre le susdit délai d'un an (c'est-à-dire de l'année pendant laquelle doivent rester exposés, dans les tribunaux civils et de commerce, les tableaux où sont insérés des extraits des jugements). Nos anciennes coutumes exigeaient que toute séparation fût exécutée promptement, et le fût sans fraude; c'est ce que Pothier exprimait en ces termes : « Il faut que le mari ait restitué sa dot à sa femme, ou du moins que celle-ci ait fait des poursuites pour se la faire rendre, et ne les ait pas abandonnées. »

Le Code Napoléon a reproduit l'ancien droit, dans la disposition où nous retrouvons les expressions de Pothier. « Article 1441. La séparation de biens, quoique prononcée en justice, est nulle si elle n'a point été exécutée par le payement réel des droits et reprises de la femme, effectué par acte authentique, jusqu'à concurrence des biens du mari, ou au moins par des poursuites commencées dans la quinzaine qui a suivi le jugement, et non interrompues depuis. »

L'article 1444 exige, non-seulement que les poursuites soient commencées dans la quinzaine, mais encore qu'elles n'aient pas été interrompues depuis, sans dire en quoi consistera cette interruption. Lorsque l'exécution n'a pas eu lieu conformément aux règles précédemment tracées, le jugement de séparation est, aux termes de l'article 1444, frappé de nullité.

Mais quelles personnes pourraient se prévaloir d'un défaut d'exécution dans le délai légal, ou d'une exécution faite autrement que la loi ne l'indique? Nous croyons que toutes personnes intéressées, les époux eux-mêmes, aussi bien que les créanciers, pourraient s'en prévaloir.

Ces principes admis nous conduisent aux résultats suivants :

Les époux ne peuvent opposer aux tiers la nullité de l'article 1441, quand ils ont exécuté conjointement le jugement de séparation. Le mari ne peut opposer la nullité à la femme du moment qu'il a concouru à l'exécution. De même, lorsque la femme a fait un acte d'exécution, fût-il tardif, elle ne peut plus opposer l'article 1444 à son mari.

Lorsqu'il n'y a eu aucun acte d'exécution, les époux sont toujours recevables à opposer la nullité aux tiers, ou à l'autre époux. Le mari seul pourra opposer la nullité, soit à la femme, soit aux tiers, quand l'exécution a été tardive, à moins qu'il n'ait coopéré aux actes d'exécution.

Inutile d'insister sur cette idée que les créanciers de la femme, qui ne peuvent pas introduire la demande en séparation de biens en leur nom personnel, mais seulement comme mandataires de leur débitrice, peuvent demander à intervenir dans l'instance, s'ils n'y ont pas été appelés.

Ils ont intérêt, en effet, à soutenir les prétentions de la femme demanderesse.

Les créanciers du mari, de leur côté, ont droit d'intervenir dans l'instance, pour y défendre les intérêts du mari, leur débiteur, et pour s'opposer à ce qu'une séparation frauduleuse, concertée entre la femme et le mari, ne vienne leur dérober leur gage. Ils peuvent même attaquer le jugement qui les a lésés, s'ils n'ont pas été appelés dans l'instance, où ils pouvaient intervenir pour veiller à la conservation de leurs droits. (C. C., 1417). La voie qui leur est ouverte pour cela, c'est la tierce opposition; ils ont pour l'exercer le délai d'un an.

Nous avons déjà dit que le jugement qui prononce la séparation de biens, entre époux, avait un effet rétroactif, qui remontait jusqu'au jour de la demande, tant à l'égard des époux, qu'à l'égard des tiers. La loi ne distingue pas, comme on le voit en lisant l'article 1445. La demande est réputée formée à compter du jour où l'assignation a été remise au mari. C'est pour éveiller l'attention des tiers, et les prémunir contre l'effet rétroactif du jugement, que le législateur a entouré cette demande d'une grande publicité. Mais la séparation de biens, résultant accessoirement du jugement qui prononce la séparation de corps, ne rétroagit pas; la raison de cette différence, c'est que la séparation de corps peut avoir sa raison d'être, sans que d'ailleurs la dot de la femme soit mise en péril. Toutefois si, pendant le cours du procès, des actes frauduleux avaient été faits par le mari, la femme, après avoir repris l'exercice de ses actions, pourrait les attaquer et les faire annuler.

La rétroactivité du jugement qui prononce la séparation de biens a les mêmes effets, soit à l'égard des époux, soit à l'égard des tiers. Relativement aux époux, les effets de cette rétroactivité sont les suivants :

1° Les successions mobilières échues à chacun des époux, depuis l'introduction de la demande, leur restent propres, et il en sera de même des donations mobilières, dont ils auraient été l'un ou l'autre gratifiés.

2° La femme a le droit de se faire restituer, à partir de la même époque, les fruits de ses propres, et les intérêts de la dot mobilière, dont elle s'est réservé la reprise. Cependant elle serait tenue de déduire la part de ses fruits et revenus jusqu'à concurrence de laquelle elle devait contribuer aux dépenses du ménage.

3° Les dettes contractées par le mari, depuis l'introduction de la demande, n'obligent la communauté que dans la mesure du profit qu'elle en a retiré.

4° La femme n'est pas obligée de respecter les actes de disposition des biens communs effectués par le mari, à compter de la même date ; mais à l'égard des actes d'administration, il en est autrement.

5° La femme serait liée par la répudiation ou l'acceptation qu'elle ferait de la communauté, dans l'intervalle de la demande au jugement qui prononce la séparation de biens.

Du principe que ce jugement rétroagit également à l'égard des tiers, résultent entre autres les conséquences suivantes :

1° La femme n'est pas plus tenue de respecter à leur

égard, qu'elle ne l'est à l'égard de son mari, les aliéna-tions de biens communs effectuées par celui-ci pendant l'instance.

2° Le jugement de séparation de biens fera tomber les saisies des fruits et intérêts des propres de la femme, pratiquées pendant l'instance par les créanciers du mari.

Mais si, pendant l'instance, le mari s'est borné à faire des actes d'administration, ces actes seront valables à l'égard de la femme, comme à l'égard des tiers, soit qu'il s'agisse des biens de la communauté, ou des propres de celle-ci. Le mari conserve ce droit d'administration pendant l'instance parce que la loi ne l'a pas donné à la femme, pendant cet intervalle de la demande au jugement. Il faut admettre cependant que, si les actes faits par le mari étaient frauduleux, la femme pourrait les attaquer; elle pourrait aussi pen-dant l'instance se faire autoriser à faire, par me-sure de précaution, des actes conservatoires, comme il a été dit antérieurement.

Le principal effet de la séparation de biens est de dissoudre le régime matrimonial adopté par les époux, et les autres effets qu'elle produit ne sont eux-mêmes que des conséquences de celui-là.

Nous allons les examiner en détail; mais nous remarquerons tout d'abord que si la séparation de biens modifie le règlement primitif des intérêts pécuniaires des époux, tel que leur contrat de mariage ou la loi, dans le silence des époux, l'avait établi, elle ne porte pas atteinte au mariage lui-même, aux droits et aux devoirs qui en dérivent (voir les art. 212 et 214). La femme reste soumise à la puissance maritale, et si sa capacité personnelle va se trouver modifiée, quant à l'administration de ses biens, elle n'en reste pas moins, en principe, obligée de requérir l'autorisation de son mari pour les actes les plus importants de la vie civile (art. 215 et 217.)

Le ménage commun ne cesse pas, du moins quand la séparation de biens est principale, et l'on ne peut pas dire, comme dans le cas de séparation de biens accessoire : *Désormais chacun chez soi, chacun pour soi.* La femme, donc, quoique ayant repris l'administration et la possession de ses biens, n'en contribuera pas moins, dans une certaine mesure, aux charges du ménage.

Certains effets de la séparation de biens se rencontrent sous tous les régimes. Sous le régime dotal, comme sous tout autre régime, c'est d'après les mêmes principes que l'on doit résoudre la question de savoir pour quels actes la femme séparée de biens a besoin d'être autorisée par son mari ou par la justice, et quels sont les actes qu'elle peut faire sans avoir besoin d'autorisation. Il importe surtout de bien se fixer sur la valeur de l'article 1419 du Code civil, et sur la manière de combiner les règles qui gouvernent la capacité de la femme séparée de biens, avec l'inaliénabilité de la dot sous le régime dotal.

Lorsque les époux sont mariés sous le régime sans communauté, ou lorsqu'ils sont en communauté, la séparation de biens judiciaire produit des résultats identiques, sauf ce qui concerne la dissolution de la communauté.

Nous avons insisté assez longuement sur la séparation de biens judiciaire et sur quelques-uns de ses effets, parce que, dans la pratique des affaires, c'est la séparation de biens judiciaire qui donne le plus souvent à la femme l'administration et la jouissance de ses biens.

CHAPITRE III.

EFFETS DE LA SÉPARATION DE BIENS.

Nous rappelons ici ce principe qui domine notre sujet : pour tous les actes ne rentrant point dans les limites de la capacité particulière qu'il s'agit de définir, et ne découlant pas d'un pouvoir d'administration, la femme, quoique séparée de biens, se trouve placée dans la condition légale ordinaire de toute femme mariée, c'est-à-dire en *puissance de mari*.

Nous nous bornerons à signaler les effets spéciaux

que produit la séparation de biens, relativement à la capacité spéciale qu'elle donne à la femme mariée.

Sous tous les régimes, la femme peut, quoique mariée, séparée ou non séparée de biens, faire un certain nombre d'actes ; elle peut aussi être tenue de certaines obligations indépendamment de toute autorisation ; nous ne citerons que quelques exemples. Ainsi elle pourra faire, relativement à ses biens, des actes *purement conservatoires,* tels que requérir la transcription d'une donation immobilière qu'elle a reçue, ou de tout acte soumis à la formalité de la transcription, en vertu de la loi du 23 mars 1855 ; elle pourra requérir l'inscription de ses hypothèques, soit de celles qu'elle a en vertu même de la loi, sur les biens de son mari, soit de celles qu'elle pourrait avoir sur les biens d'un de ses débiteurs ; elle pourra aussi faire faire des sommations, (par exemple en matière de vente, pour faire courir les intérêts du prix), des saisies-arrêts, etc.

Elle peut aussi faire son testament sans l'autorisation de personne (il en était autrement dans la coutume d'Orléans) ; elle peut accepter les donations qui seraient faites à ses enfants ou petits-enfants. (Code civil, 935.)

Sans autorisation, elle peut révoquer une donation par elle faite à son mari, pendant le cours du mariage (art. 1096 du Code civil) ; seulement, depuis la loi de 1843 sur les formes des actes notariés, elle ne pourra révoquer sa donation que par un acte reçu par deux notaires, ou par un notaire assisté de deux témoins, la présence réelle de ceux-ci étant exigée.

Ce pouvoir de révocation ne résulte pas de ce qu'elle est séparée de biens ; il résulte de ce qu'elle est mariée, sous quelque régime que ce soit ; aussi nous ne le mentionnons ici que pour mémoire.

La capacité de la femme mariée et séparée de biens contractuellement ou judiciairement, que cette séparation soit principale ou accessoire, est la même. Les principes qui gouvernent cette capacité sont également applicables à la femme mariée sous le régime dotal, quand il s'agit de l'administration des biens paraphernaux. Pour ces biens, en effet, la femme est dans la même condition qu'une femme séparée de biens.

Il est bien vrai que des auteurs ont voulu distinguer, entre la femme qui a obtenu la séparation de biens judiciaire et celle qui s'est mariée sous le régime de séparation de biens contractuelle, ou s'est réservé des biens paraphernaux ; mais, disent des auteurs recommandables, ces distinctions reposent sur des arguments qui ne sont que spécieux. Les règles que nous analysons ici, relatives à la femme séparée de biens, s'appliquent indifféremment à chacune de ces trois situations.

La loi confère à la femme séparée *la libre* administration de ses biens. Ce sont là les expressions du Code

civil dans l'article 1449, que nous aurons souvent l'oc·
casion de rappeler.

De cet article, nous tirerons cette règle générale :
que la femme séparée de biens est capable de faire tous
les actes qui rentrent dans les limites d'une libre
administration.

Ainsi elle pourra, croyons-nous, consentir des
baux, même au-dessus de neuf ans, soit à ferme, soit à
loyer (art. 1429-1430 et 1718 du Code civil). Ce qui
prouve que la loi considère ces baux comme des actes de
pure administration, et non comme des actes d'aliénation ou de modification grave de la propriété, c'est
qu'elle les permet à un usufruitier et à un tuteur.

La femme séparée peut donner valable décharge des
capitaux qu'elle reçoit. La femme peut aussi toucher
ses revenus, recevoir le montant de ses créances et en
donner bonnes et valables quittances, en poursuivre le
remboursement, ou donner main-levée des inscriptions
hypothécaires prise pour leur sûreté. Pourrait-elle,
sans autorisation, aliéner des inscriptions de rente sur
le Grand-Livre de la dette publique, quelle qu'en soit la
valeur? Il faut distinguer si la rente donne un revenu
annuel supérieur ou inférieur à cinquante francs : dans
le premier cas, le droit d'aliéner n'est pas compris
dans les actes d'administration que la femme pourrait
faire seule; il en serait autrement dans le second cas
(décret du 25 sept. 1813). Un mineur émancipé ne

jouit point de cette capacité, il est vrai ; mais le mineur est affecté d'une incapacité naturelle, tandis que la femme n'est frappée que d'une incapacité civile, dont elle peut être relevée le plus souvent par le mari ou par la justice.

Il y a cependant des cas où une femme mariée a moins de capacité qu'un mineur émancipé ; ainsi la femme mariée ne peut sans autorisation poursuivre une instance en justice, même quand elle est autorisée à faire le commerce, tandis que le mineur émancipé et commerçant pourrait poursuivre seul en justice le payement de ses créances et factures.

La femme commerçante peut-elle seule aliéner ses immeubles et les hypothéquer pour les besoins de son commerce ? La question est controversée.

Si la femme séparée de biens était mineure, elle ne pourrait pas plus qu'un mineur émancipé donner seule décharge de ses capitaux. (C. C., 482).

En principe, elle ne peut pas paraître en justice, pour y poursuivre l'exercice de ses droits ; mais, quand il s'agit du recouvrement de ses reprises contre son mari, elle est autorisée virtuellement par le tribunal qui accueille sa séparation de biens. Il faut faire ici l'application de cette règle, dictée par le bon sens : Qui veut la fin, veut les moyens.

Elle est ainsi dispensée d'autorisation, et peut faire seule des actes qu'elle n'aurait pas pu faire, même dans la limite de l'administration qui lui est permise. C'est que, dans l'espèce, le jugement qui a prononcé la séparation de biens, l'a autorisée virtuellement à en poursuivre l'exécution.

La femme peut-elle seule faire une surenchère?

Nous dirons que la femme est suffisamment autorisée par le jugement même qui prononce la séparation de biens, à former une surenchère, lorsque cette surenchère est la conséquence de l'exécution de ce jugement. Si donc la surenchère est formée par la femme sur le prix d'un immeuble frappé de son hypothèque légale, et a pour but d'assurer le recouvrement de la dot, elle doit être regardée comme valable, car la femme est suffisamment habilitée par le jugement de séparation de biens pour tous les actes qui pourraient être faits en exécution de ce jugement; et il faut le décider ainsi, sans distinguer si l'immeuble est saisi sur le mari ou sur un acquéreur de ce dernier. En dehors de cette hypothèse, c'est-à-dire si la surenchère n'est point la conséquence de l'exécution du jugement qui prononce la séparation de biens, elle ne pourrait valablement être formée par la femme séparée, sans autorisation; c'est plus qu'un acte d'administration, car le surenchérisseur contracte de graves obligations.

Le droit d'administrer de la femme comporte le placement de ses fonds, soit sur l'État, soit sur des particuliers, comme elle l'entendra. Ainsi, nous pensons qu'elle pourra acheter des rentes sur l'État, ou même des actions de la Banque de France, ou autres, sans avoir besoin d'aucune autorisation spéciale.

Comme la loi ne prescrit à la femme séparée de biens aucun mode particulier d'administration ou de placement des fonds, dont elle peut disposer, en dehors de ses besoins et de ceux de sa famille, en y comprenant même son mari, nous croyons qu'elle pourrait acheter des meubles et des immeubles, mais à titre de placement de ses deniers. Quant aux meubles meublants, dont elle voudrait garnir son habitation, elle pourrait sans doute les acheter au comptant, et même elle pourrait valablement s'obliger, pour les acheter, si ses revenus annuels lui permettaient cette dépense. La loi lui accorde, en effet, la libre administration de ses biens. Mais pourrait-elle aventurer ses capitaux dans des spéculations aléatoires pour augmenter irrégulièrement ses revenus ? pourrait-elle, par exemple, le placer en rente viagère ? Il y a lieu d'en douter, attendu qu'un tel placement parait être une aliénation, en vue d'un bénéfice éventuel, plutôt qu'un acte d'administration. Ce serait, d'ailleurs, détruire éventuellement la dot, c'est-à-dire dissiper et non améliorer les ressources destinées à l'entretien de la famille ; or, si la loi permet à la femme de rentrer en possession de sa dot, quand elle est mise en péril par le mari, c'est pour en assurer la conservation et non pour la mettre ainsi en jeu.

Pour un administrateur, placer des fonds, c'est les faire fructifier, sans aliéner le capital ; ou encore, c'est aliéner un capital excédant les besoins actuels du ménage, pour acquérir en échange un équivalent appréciable actuellement.

C'est par application de ces idées, qui ont été probablement celles des rédacteurs de nos lois, que la Cour de Cassation a décidé qu'une femme séparée de biens n'avait pas pu, sans autorisation de son mari, employer des capitaux mobiliers à des opérations de bourse.

La Cour de Paris disait aussi que les opérations de jeu que la femme, dans l'espèce, avait chargé un mandataire de diriger pour elle « ne peuvent être confondues avec les aliénations et dispositions pour lesquelles la loi attribue capacité à la femme séparée de biens, dans les limites du droit d'administration. »

La capacité de la femme séparée de biens se réduit donc à la *libre* administration de ses biens, soit qu'on se place pour l'apprécier au point de vue de la jurisprudence, soit qu'on se place au point de vue de la doctrine. Elle a tous les droits compris dans ce droit général, mais elle n'en a pas d'autres ; en dehors du pouvoir d'administrer ses biens, elle est soumise à la puissance maritale, et ne peut s'obliger ni à titre onéreux, ni à titre gratuit, sans être autorisée par le mari ou par la justice. Il est même bon de remarquer que l'autorisation de la justice ne peut pas toujours se substituer à celle du mari.

Pothier semble avoir dicté les articles de loi qui nous occupent, et particulièrement l'article 1449 du Code civil. Il dit en effet dans son traité de la puissance du mari. « La seule différence que la séparation de biens
» met entre la femme qui est séparée, et celle qui ne l'est
» pas, par rapport à l'autorisation, c'est que la femme
» qui n'est pas séparée, ne peut faire valablement au-
» cun acte, aucun contrat, quel qu'il soit, sans l'auto-
» risation du mari ou du juge; au contraire, la femme
» séparée, ayant par sa séparation, le droit d'adminis-
» trer elle-même ses biens, les coutumes l'ont dis-
» pensée de l'autorisation, pour tous les actes qui
» ne concernent que la simple administration de ses
» biens. »

» A l'égard de tous les autres actes, comme seraient
» les contrats de vente ou d'échange d'un *héritage*, un
» emprunt de sommes considérables, l'acceptation ou
» la répudiation d'une succession échue à la femme, et
» généralement tous les actes qui ne sont pas de simple
» administration, la femme, quoique séparée, ne peut
» valablement les faire sans l'autorisation de son mari,
» ou du juge. »

Ces principes se sont transmis du droit ancien au droit nouveau. Il faut donc s'y attacher dans l'appréciation des actes de la femme séparée de biens.

Par application des principes que nous venons d'exposer, nous dirons que la femme séparée de biens peut transiger, mais seulement sur les difficultés relatives à ses biens mobiliers, et dans les limites de son droit d'aliéner, c'est-à-dire dans les limites que comporte le droit d'administrer.

N'oublions pas que pour transiger il faut avoir la capacité de disposer des objets compris dans la transaction (art. 2015 du Code civil). Mais, sur aucune contestation, elle ne pourrait faire un compromis, c'est-à-dire remettre à la décision de simples particuliers, qu'elle choisirait, la contestation dans laquelle ses intérêts seraient engagés (voir les art. 1004 du Code de Procédure, et 1989 du Code civil). Il est incontestable, qu'elle peut aliéner son mobilier corporel ou incorporel, mais seulement dans les limites de son droit d'administration.

Elle ne pourrait donc pas en disposer à titre gratuit, si ce n'est pour dons modiques rentrant dans les bornes d'un simple cadeau ou présent d'usage. Ces objets ont toujours trop peu d'importance pour compromettre la fortune de la femme, et d'ailleurs ils sont pris sur les revenus.

Nous avons dit que la femme, quoique séparée de biens, ne pouvait pas faire des donations sans être autorisée par la justice ou par le mari. Le tuteur non plus ne peut pas faire donation des biens du pupille; il ne le peut, ni seul, ni avec autorisation du conseil de famille, parce qu'il ne peut qu'administrer.

Il pouvait cependant à Rome, comme il le peut chez nous, faire figurer dans son compte de tutelle des donations pour cause alimentaire; que devons-nous dire de la femme séparée, en pareil cas? Elle peut sans autorisation donner des aliments à ses ascendants dans le besoin.

Si l'article 1449, deuxième alinéa, permet à la femme, en principe, d'aliéner son mobilier d'une manière absolue, il faut entendre ce droit d'aliéner dans le sens d'un acte d'administration.

La règle de notre article 1449 est certainement très-simple, dans son exposé théorique; mais, dans son application pratique, on sent qu'elle doit faire naître de sérieuses difficultés, qui ne pourront être résolues que par la conscience du juge, guidé par l'esprit de la loi.

Le plus ou moins de bonne foi apparente du tiers, qui a traité avec la femme séparée, inspirera le plus souvent le juge dans l'appréciation de la cause, et sera la mesure de sa décision.

Un certain tempérament à la règle nous semble commandé, en effet, par l'esprit de la loi, car, si les tiers qui traitent avec la femme pouvaient être inquiétés indépendamment de leur bonne foi, toutes les fois que l'aliénation mobilière ne pourrait pas à la rigueur être considérée comme un acte d'administration, la gestion de la femme serait entravée par mille

difficultés, et l'on ne traiterait avec elle qu'avec défiance.

Or, puisque la loi veut qu'elle administre son patrimoine, elle a dû vouloir lui en laisser le moyen, au
lieu de lui rendre impossible en fait ce qu'elle voulait
permettre en droit.

Si l'acte dépasse évidemment les pouvoirs d'un
administrateur, et s'il a été facile aux tiers de s'en
rendre compte, aucune action ne leur sera accordée.

Si l'on est, au contraire, dans une hypothèse délicate, capable d'embarrasser celui qui doit interpréter
la loi, et si l'on ne voit pas clairement que les tiers
qui ont contracté avec la femme soient de bonne foi,
on décidera contre eux.

Telle nous paraît être la pensée de la loi; mais ces
incertitudes et ces raisons de douter ne devaient pas
empêcher le législateur de poser une règle; nous la
trouvons bien écrite dans l'article 1449 du Code civil,
mais on aurait pu en arrêter mieux les termes, pour
qu'elle fût constamment présente à l'esprit du juge, et
qu'elle l'inspirât dans toutes les décisions qu'il aurait
à rendre.

Nous croyons aussi que la femme séparée, pouvant
s'obliger, pour cause d'administration, aura la capacité nécessaire pour s'obliger seule, envers un archi-
tecte ou des ouvriers, pour réparations ou améliora-
tions à faire à des immeubles; comme, par exemple,

pour faire planter des arbres, drainer des terrains trop humides, ou ensemencer ses champs, etc.

Aurait-elle le droit de faire défricher des landes, et de s'obliger pour faire mettre en rapport des terres non cultivées précédemment? Pourrait-elle donner aussi à ses fermiers le droit de changer le mode de culture, de transformer la destination des lieux loués? Pourrait-elle ouvrir de même des carrières et les mettre en exploitation ?

Le mari, comme administrateur, aurait eu ce droit; mais on peut douter que la femme, quand elle a repris ou conservé l'administration de ses biens, ait un pouvoir aussi étendu.

Le pouvoir de contracter, sans autorisation, des engagements valables, dans les limites d'une sage et prudente administration, résulte évidemment de l'esprit de la loi.

Mais, lorsqu'elle s'oblige valablement, la femme peut-elle être poursuivie, non-seulement sur ses meubles, mais encore sur ses immeubles ?

On a soutenu la négative; on a dit que la loi défend d'aliéner les immeubles sans autorisation, et qu'elle ne distingue pas entre les aliénations directes et les aliénations indirectes (art. 1449, *in fine*). Or, dit-on, déclarer les obligations de la femme séparée exécutoires sur les immeubles, c'est lui reconnaître le droit de les aliéner indirectement.

Nous croyons que cette manière de raisonner, toute spécieuse qu'elle est, ne doit pas être admise. Si l'obligation que la femme contracte dans les limites de son pouvoir d'administrer est valable, pourquoi ne serait-elle pas aussi efficace, lorsque la femme est autorisée par la loi, que quand elle l'est par son mari ?

Pour tirer une conséquence logique du principe proclamé par l'article 1449 du Code civil, nous devons dire qu'une obligation régulièrement formée doit être exécutée sur tous les biens du débiteur. (Voir les art. 1449 et 2092, combinés.)

Le tuteur aussi ne peut pas aliéner les immeubles du pupille, sans l'autorisation du conseil de famille et l'homologation du tribunal. Cependant les obligations qu'il contracte, pour cause d'administration, dans les limites de son mandat, ne seraient-elles pas exécu-toires sur les immeubles du mineur aussi bien que sur ses meubles ? MM. Valette, Duverger, Demo-lombe, Duranton, Rodière et Pont disent oui : mais MM. Aubry et Rau disent non.

De tout ce que nous venons de dire résulte ceci : Si l'obligation contractée par la femme séparée est étrangère aux besoins de son administration, elle ne sera pas même exécutoire sur son mobilier, parce qu'elle est irrégulièrement formée; mais si, comme nous l'avons supposé, elle est valablement contractée, parce que le pouvoir d'administrer contenait virtuellement la capacité nécessaire pour la créer, elle recevra son exécution sur les immeubles de la femme, aussi bien que sur ses meubles. En dehors de cette exception, qui restitue à la femme une partie des droits qu'elle a perdus par le mariage, il est vrai de dire qu'elle ne peut ni s'obliger ni aliéner directement ses biens, sans être autorisée par le mari, ou par la justice; toutefois, l'autorisation de la justice ne peut pas toujours remplacer celle du mari.

D'après l'article 217 du Code civil, qui trace la règle générale, la femme mariée ne peut ni donner, ni aliéner à titre onéreux, sans y être autorisée; car, en s'obligeant à titre gratuit, elle donnerait sans recevoir l'équivalent de ce dont elle se dépouille *sciemment* et *volontairement*. Il n'y a donc pas là un acte d'administration destiné à accroître sa fortune. En aliénant à titre onéreux, elle acquerrait bien l'équivalent, si elle ne se trompe pas; mais son inexpérience des affaires pourrait lui faire compromettre gravement sa fortune. Voilà pour quels motifs il ne lui est permis ni de donner, ni d'aliéner, même à titre onéreux.

L'incapacité de la femme mariée résulte, indépendamment de l'article 217, des articles 220, 221, 222 et 224 du Code civil.

L'article 220 accorde à la femme devenue marchande publique avec l'autorisation du mari, le droit de s'obliger, *pour ce qui concerne son négoce ;* ce qui suppose, en principe, la règle contraire pour les femmes mariées et non autorisées par leur mari à faire le commerce.

D'un autre côté, les autres articles que nous invoquons (art. 221 et suiv.) ne sont que l'expression de la règle générale que nous avons prétendu faire résulter de l'article 217, c'est-à-dire de la défense faite à la femme de contracter sans autorisation.

Lors de la discussion de l'article 217, le Tribunat avait demandé que l'on déclarât formellement, par les termes de cet article, que la femme mariée était incapable de s'obliger ; mais le Conseil d'État, saisi de cet amendement, n'en persista pas moins dans sa rédaction primitive, alléguant que cet article, sainement entendu, suffirait pour établir le principe qu'on voulait textuellement y faire entrer.

Le Conseil d'État, du reste, voulait éviter que l'on considérât la femme mariée comme incapable de s'obliger par ses délits ou ses quasi-délits. La femme mariée non autorisée, quoique séparée de biens, est incapable de s'obliger : voilà la règle ; si elle devient capable, quoique mariée, c'est par exception.

L'article 1449 nous offre un exemple d'exception à cette règle, formulée dans l'article 217 du Code civil.

Ainsi donc, tenons pour certain que la femme mariée, en dehors de cette exception, devra, pour contracter valablement des obligations, requérir l'autorisation de son mari, ou sur son refus, après qu'il aura été entendu en la Chambre du Conseil, celle de la Justice ; sinon, la femme pourrait faire annuler ces obligations, et dès lors, elles ne pourraient pas plus être exécutées sur son mobilier que sur ses immeubles.

Nous déciderons donc, comme conclusion, qu'un emprunt que la femme mariée voudrait faire, sans qu'il fût exigé impérieusement par l'administration de ses biens, devrait être déclaré nul, s'il n'avait pas été autorisé.

La femme ne pourrait pas s'obliger par achat d'immeuble à crédit, ou par un cautionnement, car ce ne sont pas là des actes d'administration.

Nous dirons de même à l'égard de toute obligation de faire, telle qu'un engagement comme artiste dramatique ; on comprend, en effet, qu'un engagement de jouer sur un théâtre ait besoin, pour être valable, de l'autorisation du mari.

La femme séparée de biens peut aliéner ses meubles, nous dit l'article 1449, à condition que ce soit à titre onéreux, et non à titre gratuit. Par application de cet article, dirons-nous qu'elle peut seule et sans autorisation aucune, introduire une demande en partage des successions mobilières ouvertes à son profit ?

Des auteurs recommandables l'ont soutenu, mais nous croyons que le partage est plus qu'un acte d'administration.

Ce qui prouve bien que la loi n'a pas considéré le partage comme un acte d'administration, c'est qu'elle défend au tuteur d'introduire, sans l'autorisation du conseil de famille, une demande en partage, même à l'égard des biens mobiliers.

D'ailleurs, puisque le mari, administrateur des propres de la femme, n'a que le droit de demander un partage provisionnel, à l'égard des biens qui n'entrent pas en communauté, mais dont il a la jouissance (C. C., 818), comment l'administration de la femme séparée aurait-elle plus d'étendue ?

Convenons ici que la loi considère le partage comme un acte très-grave, qui sort des bornes même d'une large administration.

S'il s'agissait d'un partage judiciaire, la femme séparée ne pourrait ni le provoquer ni y défendre, puisqu'en principe elle ne pourrait ester en jugement sans y être autorisé (art. 215 du Code civil).

En refusant à la femme séparée le droit de demander le partage d'une succession, même mobilière, à elle échue, si elle n'est pas autorisée, il faut cependant lui reconnaître la faculté de requérir, sans autorisation, l'apposition de scellés sur les effets de la succession, ou de faire procéder à l'inventaire, car ce sont là des actes d'administration, ou plutôt de conservation.

Nous avons admis que la femme séparée avait le droit de s'obliger pour cause d'administration de ses biens, mais nous n'admettons pas pour cela qu'elle ait le droit de constituer des hypothèques conventionnelles pour assurer l'exécution des obligations qu'elle aurait valablement contractées; on peut, en effet, payer une dette restée secrète, et prévenir ainsi les saisies, les hypothèques judiciaires ou autres poursuites, tandis qu'une hypothèque conventionnelle gêne la circulation, la vente des biens, et porte atteinte au crédit du débiteur. De là cette règle, qu'il faut une capacité toute spéciale pour constituer une hypothèque conventionnelle sur ses biens; et de là aussi la nécessité de se rendre chez un notaire, pour procéder par acte notarié, tandis que la vente du même fonds pourrait être consentie par acte sous seing privé. On peut même avoir le droit de vendre un immeuble, sans avoir le droit de l'hypothéquer.

En vendant, on sait ce que l'on fait, tandis qu'on ne le sait pas toujours quand on constitue une hypothèque.

C'est pour cette raison, probablement, que les Romains permirent d'abord à la femme de consentir à la vente de son immeuble dotal, tout en lui défendant d'autoriser son mari à constituer une hypothèque.

La femme, disaient-ils, pourrait d'autant mieux se laisser circonvenir, et consentir à l'établissement d'une hypothèque à la *légère*, qu'elle ne doit pas payer elle-même.

On voulait, par cette prohibition, protéger les femmes contre la faiblesse de leur sexe.

Qu'on ne dise pas que celui qui peut le plus peut le moins ; cette règle ne peut pas s'appliquer ici.

Si libre que soit la femme séparée de biens, dans tous les actes de pure administration, elle se trouve en face de la puissance maritale, dès qu'elle veut agir judiciairement pour faire respecter ses droits.

Elle peut toucher elle-même, sur sa propre quittance, ses loyers, ses fermages, ses intérêts, ses arrérages de rente, ses capitaux et ses revenus de quelque nature qu'ils soient ; mais elle ne peut pas en poursuivre le payement sans être autorisée.

Et même, si elle était autorisée par son mari, elle n'agirait pas en toute liberté, comme une personne qui aurait la libre administration de ses droits.

Ainsi, demanderesse ou défenderesse, elle n'a qu'une liberté restreinte, quoique autorisée à ester en jugement, *stare in judicio;* et par suite elle ne pourrait pas se désister d'une action après l'avoir introduite, comme aussi elle ne pourrait pas renoncer à une exception *ratione personœ*. Elle ne pourrait pas déférer un serment *décisoire,* ni acquiescer à un jugement contre elle obtenu. Pourrait-elle attaquer, par la requête civile, un jugement qui l'aurait condamnée, faute d'avoir été défendue, ou du moins d'avoir été bien défendue? C'est là une question délicate ; mais nous croyons qu'elle a droit à la même protection qu'un mineur, et par conséquent qu'elle le pourrait.

On aurait pu croire que, jouissant de la libre administration de ses biens, elle pourrait, sans y être autorisée, ester en jugement, pour tout ce qui concernerait cette administration. Cependant la loi est positive ; il faut, pour qu'elle puisse introduire une instance, ou la poursuivre, qu'elle soit autorisée. C'est le contraire qui avait lieu dans l'ancienne jurisprudence.

Pothier nous dit, en effet : « C'est une suite de ce » pouvoir d'administrer, que la femme puisse donner » les demandes qui concernent cette jouissance, et y » défendre sans le consentement de son mari qui n'y » a aucun intérêt. » (Pothier, *Traité de la puissance du mari*, n° 62.)

Les rédacteurs du Code civil, contrairement à ce sentiment de nos anciens docteurs, n'ont, en aucun cas, regardé l'action de plaider comme rentrant dans les pouvoirs d'administrer, bien que la femme soit séparée de biens ; ils ont considéré le mari comme étant toujours moralement, sinon pécuniairement, intéressé à ce que sa femme ne s'engageât pas dans un procès sans son autorisation ; ils ont supposé que ses conseils pourraient la détourner de cette voie dangereuse, et qu'au besoin il était convenable de faire intervenir l'autorité de la justice, à défaut de celle du mari,

Notre matière est tellement délicate, que les plus

grands efforts sont nécessaires pour se maintenir dans la vérité. Sur chaque question, il faut, pour ne pas sortir de la bonne route, de celle qui a pour point de départ des principes certains et qui conduit directement aux conséquences exactes, résister à deux courants contraires.

L'un conduit dans une voie trop large, et l'autre dans une voie trop étroite ; on risque d'anéantir, à force de restrictions, la capacité de la femme, ou de l'exagérer, sans tenir compte de la règle.

Il faut suivre tantôt l'un, tantôt l'autre, suivant les causes qui ont amené la séparation de biens. Supposons qu'il s'agisse d'une séparation judiciaire principale. Elle a donc été demandée, dans la crainte que la dot ne fût encore en péril, si elle restait entre les mains du mari, et qu'elle servit à payer les créanciers de celui-ci. Il faudra donc tendre à restreindre l'administration de la femme, de peur que les mêmes dangers ne se représentent.

Si, au contraire, la séparation de biens résulte d'un jugement qui a prononcé la séparation de corps, si, en un mot, elle est accessoire, l'irritation du mari, demandeur ou défendeur, devient un danger sérieux. Armé des pouvoirs que lui donne la loi, il peut tellement gêner sa femme dans l'administration de ses biens, que celle-ci ne puisse plus utilement se servir des droits qui lui sont confiés par la loi dans l'article

1419 du Code civil. Il faudra donc laisser la femme plus libre dans son administration.

Séparée de biens ou non séparée, la femme n'a que des droits bien limités, et même, quand elle gère elle-même sa fortune, par l'effet d'un jugement ou d'une disposition contractuelle, sa capacité civile est bien bornée. Par exemple, l'article 372 du Code civil nous assure que, jusqu'à sa majorité ou son émancipation, l'enfant reste sous l'autorité de ses père et mère ; cependant, l'article suivant va nous montrer combien l'autorité de la mère est illusoire : « Le père seul exerce cette autorité pendant le mariage. »

Et, en effet, l'enfant veut-il quitter la maison pater-nelle, le domicile commun des époux ; il n'a besoin pour cela que de la permission du père ; celle de la mère ne compte pas. L'enfant donne-t-il à ses parents des sujets de mécontentement graves, au père seul ap-partient le droit de correction, soit par voie de réquisi-tion, soit par voie d'autorité. Le père mort, ou dans l'impossibilité légale d'exercer la puissance paternelle, cette puissance passe, il est vrai, à la mère ; mais, dans ce cas, elle n'en saurait faire usage qu'avec le con-cours des deux plus proches parents paternels, et par voie de réquisition seulement.

Le père est toujours maître d'abréger la durée de la détention du fils qu'il a fait emprisonner ; sur ce point le Code est formel. La mère a-t-elle, elle aussi, le droit de pardonner à l'enfant dont elle a provoqué l'emprisonnement? Il y a lieu d'en douter; le Code est muet sur ce point important.

Si l'enfant veut se marier, il lui faudra jusqu'à un âge déterminé (25 ans révolus pour le garçon, et 21 ans également révolus pour la fille) le consentement de ses père et mère; mais le consentement de la mère est presque insignifiant, puisque, en cas de dissentement, le consentement du père suffit.

La mère, séparée ou non séparée de biens a des droits peu considérables dans la famille; qu'elle ait repris ou conservé la jouissance et l'administration de ses biens, elle ne peut ni *donner,* ni aliéner à titre onéreux, excepté dans la limite d'une libre administration. Elle ne peut pas davantage hypothéquer ; et si elle veut travailler à l'établissement des enfants communs, elle ne le peut pas par elle-même, sans l'intervention et la volonté de son mari. Elle pourrait sans doute, avec l'autorisation de la justice, doter ses enfants d'un premier lit, à condition toutefois de ne pas priver son mari ou la communauté de son droit de jouissance. Mais, à l'égard des enfants communs, la justice même ne pourrait pas, sous les mêmes conditions, autoriser la mère à disposer de ses biens.

Rappelons cependant :

1° Que le consentement de la mère est indispensable pour l'adoption de l'enfant (C. C., 346);

2° Que la mère survivante est de droit tutrice de ses enfants.

La femme séparée pourrait-elle être choisie pour liquidateur d'une société, syndic d'une faillite ou expert appréciateur ?

Ce sont là tout autant de questions bien délicates, et pour la solution desquelles la disposition de l'article 1449 n'est pas d'un grand secours, puisqu'il ne s'agit pas ici de faire un acte d'administration.

Il est vrai qu'une femme peut être choisie pour mandataire, sous quelque régime qu'elle soit mariée ; mais le mandat qu'elle accepte ne peut pas l'obliger envers le mandant ; vis-à-vis des tiers, avec lesquels elle contracte, par ordre et pour le compte du mandant, elle n'est qu'un porte-voix, et si elle s'écartait des limites de son mandat, n'étant plus qu'un gérant d'affaires, elle ne s'obligerait pas, à moins que, en fait, les actes qu'elle aurait faits et les obligations qu'elle aurait voulu contracter ne puissent être considérés comme des conséquences de son pouvoir d'administrer.

Quoique pouvant être mandataire, la femme mariée et séparée de biens, ne pourrait accepter une exécution testamentaire, qu'à condition d'être autorisée par le mari ou par la justice (C. C., 1029) ; si elle n'était pas séparée, il faudrait absolument le consentement du mari. C'est qu'un tel mandat suppose le pouvoir de s'obliger ; et la femme mariée ne peut, ni contracter, ni s'obliger, excepté quand elle est séparée de biens, mais dans ce dernier cas, elle doit se renfermer dans les limites tracées par notre article 1449.

La femme mariée, séparée ou non séparée de biens, ne peut pas accepter pour elle une donation, sans y être autorisée, parce que le donataire s'oblige, en acceptant, quand même aucune *condition* ne lui serait imposée.

Le donataire doit de la reconnaissance au donateur, et peut être tenu de lui fournir des aliments. Et, d'ailleurs, le mari doit savoir pourquoi l'on fait une donation à sa femme, et la justice aussi, quand elle doit autoriser. La séparation de biens ne peut rien changer à cette situation de la femme.

La femme mariée ne peut pas accepter une succession qui lui est échue, avons-nous dit, qu'elle soit mobilière ou immobilière, parce qu'en acceptant, elle s'obligerait ; or la femme mariée ne peut pas s'obliger en général sans être autorisée; mais que faudrait-il décider, si elle s'emparait d'un objet de la succession, ou si elle causait un dommage? Tout fait de l'homme qui cause un dommage, nous dit l'article 1382, oblige celui qui en est l'auteur à le réparer.

La femme serait-elle obligée sur ses biens à le réparer ? Oui, car la loi n'a pas pu vouloir subordonner la réparation d'un dommage volontaire ou qui suppose une incurie, une faute reprochable, à l'autorisation du mari ; ce serait subordonner à l'intérêt privé, quoique légitime, l'intérêt social.

Il y aurait lieu, peut-être encore, à faire ici l'application de l'article 1384 du même Code. Nous dirons donc en résumé : « Que la femme *doli capax* s'oblige par ses crimes, par ses délits, par ses contraventions, et même par ses quasi-délits. »

Si une donation avait été acceptée par une femme non autorisée à accepter, et si cette donation avait été exécutée volontairement par le donateur ou par ses héritiers, y aurait-il lieu à répétition ? Celui qui reçoit ce qui ne lui est pas dû s'oblige à rendre, nous dit le Code ; et cependant la femme est incapable de s'obliger, même séparée de biens, quand il ne s'agit pas d'un acte d'administration ? Que décider ? Cette situation serait-elle la même que si le donateur, ou plutôt ses héritiers, en exécutant, avaient cru, par erreur, à l'existence d'une donation ?

Nous croyons à la diversité de ces deux situations.

L'examen des textes, et même les décisions de la jurisprudence, nous confirment de plus en plus dans cette croyance, en ce qui concerne les droits et les devoirs respectifs des époux, que la loi se place toujours au point de vue de l'infériorité et de l'incapacité de la femme.

En traitant du mandat donné valablement à la femme mariée, bien qu'elle soit incapable de s'obliger, nous avons affirmé implicitement qu'elle ne pourrait pas exercer le mandat qu'un commettant donne à son commissionnaire en marchandises, puisque ces commerçants pour le compte d'autrui s'obligent personnellement envers les tiers. Ici le Code de commerce, en s'éloignant des principes admis dans le Code civil, qui avait imité le droit honoraire des Romains, s'est rapproché des règles suivies dans leur droit civil.

Les rédacteurs du Code auraient pu se dispenser de dire que le mandat pouvait être donné *verbalement* ou par *écrit,* puisque c'est un contrat consensuel ; comme aussi ils auraient pu se dispenser de dire que le mandat pouvait être donné à un mineur émancipé ou à une femme mariée non autorisée ; mais ils ont cru devoir le dire, parce que la femme mariée ne peut pas s'obliger, pour autrui surtout, et que le mineur émancipé ne peut faire que des actes d'administration. Dans certains cas, comme dans l'hypothèse d'absence ou d'aliénation mentale de son mari, la femme reçoit mandat de la loi pour le représenter ; mais elle n'a pas alors la même capacité qu'elle aurait si son mari, en lui donnant mandat, avait placé en elle sa confiance.

Rien de plus facile à comprendre. Le mandant surveille son mandataire, et peut toujours révoquer son mandat ; ce que ne peut pas faire la loi. De là des différences dans les pouvoirs du mandataire.

11

Ainsi la femme, dans le cas où elle est mandataire légale, doit fréquemment, pour contracter au nom de celui qu'elle représente, se faire autoriser par le tribunal.

Peu importe alors qu'elle soit capable de s'obliger ou non, puisqu'elle ne s'oblige pas.

Il est si vrai de dire qu'alors elle ne s'oblige pas, qu'à la mort du mari, si elle renonçait à la communauté, lorsque communauté il y a, elle ne serait pas personnellement responsable des obligations et des contrats auxqu elle aurait participé.

Il est des cas où la femme oblige le mari en vertu d'un mandat tacite : par exemple, quand elle achète pour cette partie des besoins du ménage qui est sous sa surveillance et sa direction ; alors elle oblige son mari, et ne s'oblige pas elle-même; nous n'aurons donc pas l'occasion de rechercher ici s'il y a lieu d'appliquer la règle proclamée par l'article 1449 du Code civil, puisque ce que nous venons de dire est vrai, sous tous les régimes matrimoniaux.

Même sous le régime de séparation de biens, qui donne à la femme l'administration et la jouissance de ses biens, et lui permet, sous certaines conditions, de disposer de ses revenus, le mari conserve, comme nous l'avons vu par plusieurs exemples, la haute direction dans la société conjugale.

C'est dans ses mains que la femme doit verser la

portion de ses revenus qu'elle doit fournir pour les besoins de la famille, et c'est à lui qu'il appartient d'en faire l'emploi. Il peut toutefois confier à la femme certaines fonctions; mais alors il surveillera l'emploi qu'elle fera des revenus à elle confiés.

L'étendue de ce mandat de surveillance que la loi donne au mari est assez difficile à déterminer en règle générale. Les magistrats, qui devront apprécier les contestations auxquelles il peut donner lieu, auront à tenir compte d'un grand nombre de circonstances diverses : ils prendront en considération la position sociale des époux, leurs habitudes, leur fortune réelle ou apparente, et le plus ou moins de bonne foi des tiers. Ce qui, en effet, peut ne paraître qu'une imprudence, pourrait cacher un acte d'improbité ou de complicité.

Quelquefois le mari restreint, ou même supprime entièrement, les pouvoirs qu'il laissait exercer. Il doit alors faire connaître ce changement aux tiers, soit par des voies de publicité générale, telles que les journaux, soit par des communications privées, et alors la femme cesse de l'obliger.

De la contribution de la femme séparée de biens aux besoins du ménage et aux frais d'éducation des enfants.

Nous savons que la séparation de biens n'empêche pas les obligations que fait naître le mariage entre les époux ; dès lors, il est naturel que la femme qui a conservé par une clause de son contrat, ou qui a obtenu par jugement la séparation de biens, contribue dans une certaine proportion aux charges du ménage et aux frais d'éducation des enfants.

La quotité de ses revenus, que la femme doit fournir, est fixée par la loi : elle est d'un tiers à défaut de convention contraire ; mais cette règle n'est faite qu'en vue de la séparation de biens contractuelle, ou pour les biens extra-dotaux, sous le régime dotal, lorsqu'aucune dot n'a été constituée. Quand la séparation de biens a été prononcée par jugement, les articles 1537 et 1575 du Code civil ne sont pas applicables. La femme contribue alors proportionnellement à ses facultés et à celles de son mari (C. C., 1448).

Notons toutefois que ce règlement de contribution de la femme aux deux cas que nous venons d'indiquer devrait être modifié si les revenus du mari, joints au tiers versé par la femme entre ses mains, étaient insuffisants pour subvenir aux besoins réels du ménage ; la femme devrait alors fournir le complément nécessaire (voir les art. 203, 212 et 1448, deuxième alinéa).

C'est là un des cas nombreux où la loi, ne pouvant pas donner une règle générale toujours applicable, se décharge sur les tribunaux du soin de donner une réglementation équitable. Les tribunaux fixeront donc, *ex æquo et bono, quod melius est inter conjuges ; nam, inter conjuges,* disait la loi romaine, *res amare non sunt tractandæ.*

Le droit un peu arbitraire que nous concédons ici aux tribunaux, d'intervenir, à défaut de convention matrimoniale qui ait prévu ce cas, pour fixer le supplément à fournir par la femme sur ses revenus, se déduit des nécessités qui s'imposent au juge.

La situation des époux, qui peuvent se trouver chargés sur leurs propres biens de fournir aux frais d'éducation et d'entretien des enfants d'un autre lit, peut influer indirectement sur le règlement de la contribution réciproque des époux aux dépenses communes. Mais, il ne faut pas oublier que toute autorité doit appartenir au mari, et c'est là ce qu'a voulu dire M. Demolombe, par ces expressions énergiques : « Le mari doit toujours tenir les cordons de la bourse, puisqu'il est le » chef du ménage. »

Il peut se présenter cependant telle situation où les tribunaux pourraient en décider autrement; tel serait le cas, par exemple, où la femme aurait demandé la séparation de biens dans l'intérêt de ses enfants, dont l'avenir est compromis; elle resaisirait alors les cordons de la bourse.

On a vu parfois des maris, à peine en possession de l'argent que leur femme leur remettait pour subvenir aux dépenses du ménage, aller dissiper cet argent au jeu, ou en folles dépenses, pendant que la femme et les enfants étaient dans un état voisin de la misère. En pareilles circonstances, les tribunaux devront-ils demeurer indifférents aux réclamations de la femme et des enfants ? Ne devront-ils pas plutôt accueillir la demande en séparation de biens que la femme pourra leur adresser, et rendre ainsi à des mains plus dignes l'administration de biens destinés aux besoins de la famille, mais détournés jusqu'alors de leur destination ? Nous n'hésitons pas à l'admettre. N'oublions pas en effet que le pouvoir du mari s'exerce sous le contrôle de la justice ; car, dans bien des cas, les tribunaux sont appelés à un contrôle salutaire sur la manière dont s'exerce la puissance maritale ; c'est ce que nous voyons dans les articles 218, 219, 207, 366 et 1413 du Code civil.

Toutefois, nous pensons que les juges doivent se montrer très-réservés sur ce point, et prendre conseil de la nécessité, sans se contenter du simple avantage qui pourrait en résulter pour la femme et pour les enfants.

La part contributoire de la femme, dans les dépenses du ménage et les frais d'éducation des enfants, doit être fixée comme nous l'avons dit. Comme la femme doit habiter avec son mari, puisqu'elle devrait le suivre partout où il lui plairait de résider, même en pays étranger, les ressources des époux doivent être appréciées pour fixer cette quotité, d'après les dépenses à faire pour un seul ménage.

Nous croyons cependant que, si le mari n'offrait pas à sa femme un logement convenable pour sa position, et si, pour ce motif (question de fait), elle était obligée d'avoir un logement séparé, le juge pourrait lui en tenir compte, en réglant la part pour laquelle elle doit supporter les dépenses communes ; mais le mari, à condition de lui offrir un logement décent et conforme à sa position, pourrait exiger qu'elle revînt avec lui (art. 214, C. C.)

Ce point de droit est facile à décider, mais il n'en est pas de même quand il s'agit de lui appliquer une sanction.

Il nous reste maintenant à déterminer qui sera responsable, vis-à-vis des tiers fournisseurs, des dépenses du ménage ? Ceux qui auront fourni les comestibles et autres marchandises pourront-ils poursuivre indistinctement le mari ou la femme ?

Il nous paraît qu'en principe ils ne pourront s'adresser qu'au mari pour le payement de leurs fournitures, soit qu'elles aient été livrées à lui-même ou à sa femme.

Il est le chef dans la maison, et c'est lui seul qui doit être connu des fournisseurs. Si, au contraire, c'est la femme elle-même qui a acheté les objets nécessaires au ménage, elle doit être considérée comme ayant agi en qualité de mandataire de son mari ; mais, s'ils ne peuvent poursuivre directement la femme, ils pourront, en

exerçant les droits de leur débiteur, le mari, et en s'ap-
puyant sur l'article 1166 du Code civil, la faire condamner jusqu'à concurrence de la part contributoire
qu'elle doit fournir pour supporter les frais du ménage
et les frais d'entretien ou d'éducation des enfants.

De la responsabilité du mari, quant à l'aliénation des immeubles de sa femme.

La séparation de biens, comme nous l'avons déjà
vu, ne dissout pas le mariage, et même elle ne détruit
pas le plus souvent l'influence que le mari exerce sur
les déterminations de sa femme; de là, la disposition
de l'article 1450 : « Le *mari* n'est point garant du dé-
» faut d'emploi ou de remploi du prix de l'immeuble
» que la femme séparée a aliéné avec l'autorisation de
» la justice, à moins qu'il n'ait concouru au contrat,
» ou qu'il ne soit prouvé que les deniers ont été reçus
» par lui, ou ont tourné à son profit. Il est garant du
» défaut d'emploi ou de remploi, si la vente a été faite
» en sa présence et de son consentement. Il ne l'est
» point de l'utilité de cet emploi. »

Cet article tranche une controverse soulevée par nos
anciens jurisconsultes. C'était en effet une question
très-débattue autrefois, que celle de savoir si le mari,
ayant simplement autorisé sa femme à vendre un de
ses immeubles et à en toucher le prix, était tenu du

prix, la vente une fois effectuée, envers sa femme ou ses héritiers.

Pothier adoptait l'affirmative, parce que sans cela, disait-il, « la séparation serait une voie ouverte à » un mari, pour s'approprier tout le bien de sa femme, » par l'abus de la puissance qu'il a sur elle, pour la » forcer à vendre des fonds, et à lui en passer le prix » de la main à la main, sans qu'il n'y parût rien ; il » n'y a pas d'autres moyens de remédier à cet inconvé- » nient que celui d'obliger le mari à faire l'emploi » dont on vient de parler ; on ne fait en cela aucun » grief au mari, au pouvoir duquel il est, ou de ne pas » autoriser sa femme à vendre ses héritages, ou, lors- » qu'il l'y a autorisée, de tenir arrêté chez le notaire le » prix, jusqu'à ce que l'on ait trouvé à en faire emploi ; » lorsque les deniers ne se trouvent plus, sans qu'il en » ait été fait emploi, le mari est *légitimement* suspect de » se les être appropriés, et il doit en conséquence en être » responsable. » Mais Pothier ne fonde pas la respon- sabilité du mari seulement sur l'idée de suspicion, sur la présomption qu'il s'est approprié les fonds, il ajoute cet autre motif : « Que la séparation de biens ne don- » nant à la femme que le droit d'administrer ses biens » et d'en recevoir les revenus, la femme séparée de- » meure, quant à sa personne, et quant à la disposition » de ses fonds, sous la puissance et le gouvernement » de son mari. Or, c'est une suite de ce gouvernement,

» qu'il soit tenu de veiller à la conservation des fonds
» de sa femme et à faire un emploi du prix, quand ils
» sont aliénés. »

Tels sont les motifs allégués par Pothier à l'appui de son opinion ; mais un arrêt de 1748 paraissait contredire des arrêts précédemment rendus dans le sens de la doctrine de ce jurisconsulte. Pothier les conciliait, en disant que, dans le cas des arrêts qui avaient rendu le mari garant de l'emploi, celui-ci était *suspect* d'en avoir tiré profit, et que dans le cas jugé par l'arrêt de 1748 il ne l'était pas.

Notre article 1450 a pris une base plus fixe, disait Malleville, et, en effet, il prévoit deux hypothèses :

Ou bien la femme a vendu, avec l'autorisation de la justice, sur le refus de son mari de l'habiliter à faire cette vente ; en ce cas il n'est point responsable, en principe, du défaut d'emploi du prix, à moins qu'il n'ait concouru au contrat, ou qu'il ne soit prouvé qu'il a reçu les deniers, ou en a profité ; et cette preuve pourra être faite, soit par témoins, soit par de simples présomptions, à cause de l'impossibilité morale où la femme s'est trouvée, par suite de sa dépendance vis-à-vis de son mari, d'exiger de lui une preuve écrite de la réception des deniers ; 2° ou bien la vente a été faite en sa *présence* et de son *consentement*, dit l'article 1450.

Il est alors légalement présumé avoir touché le prix, comme au cas où, la vente ayant été autorisée par la justice, il a assisté au contrat, ou *à fortiori* à la remise du prix. Mais c'est là une présomption légale, qui n'exclut pas la preuve contraire, et nous croyons que ce serait ajouter à la loi que d'admettre, avec MM. Aubry et Rau, que le mari, par cela seul que le contrat a été passé avec son consentement, n'est plus admis à prouver que le prix a été touché par sa femme.

Pour que le mari tombât sous le coup de cette présomption légale, il ne suffirait pas, si l'on s'en tenait à la lettre de l'article 1450, qu'il eût simplement donné à la femme son consentement à la vente : il faudrait qu'il eût été de plus présent à la conclusion du contrat.

Aussi, plusieurs jurisconsultes, s'attachant au texte de la loi, exigent-ils ces deux conditions réunies pour que le mari soit *légalement suspect*, comme disait Pothier, d'avoir touché le prix ; mais il nous paraît plus conforme à l'esprit de la loi de reconnaître le mari légalement présumé avoir touché le prix par cela seul qu'il a donné à la femme son consentement pour la vente de son immeuble, et cela par écrit, aux termes de l'article 217, quand même il n'aurait pas signé la quittance.

Pour cela nous nous appuyons sur le sentiment de Pothier, qui ne mettait à la responsabilité du mari d'autre condition que celle-ci : « qu'il eût autorisé la vente. » Du reste, le mari, ou la justice à défaut du mari, en autorisant la vente, peut y mettre pour condition que la femme fera un emploi déterminé du prix de la vente. L'acheteur devrait alors surveiller l'accomplissement de cette condition, puisque, si elle n'était pas réalisée, il n'aurait pas valablement acheté.

Nous avons fondé la responsabilité du mari sur cette présomption, qu'ayant participé par sa présence ou par son consentement à l'aliénation faite par la femme et le plus souvent sous son influence, il a dû toucher le prix ; mais il pourra combattre cette présomption par tout moyen de preuve contraire, car ce n'est pas ici une présomption, croyons-nous, d'ordre public.

La femme séparée de biens a le droit de placer ses fonds elle-même, ce qu'il ne faut pas perdre de vue, et comme bon lui semble ; et dès lors, si elle a fait un mauvais placement, elle subira une perte, s'il y a lieu, sans qu'elle puisse rendre responsable son mari, qui est garant, à la vérité, du défaut d'emploi, mais non du mauvais résultat de cet emploi.

L'article 1450 nous prouve, en effet, que le législateur n'est point parti de cette idée que le mari dût veiller à ce que le prix de l'immeuble profitât à la femme. Tout ce qu'il semble avoir voulu, c'est qu'il ne le détournât pas à son profit.

Nous croyons aussi que les dispositions de l'article 1450 ne doivent pas être restreintes au cas de séparation de biens judiciaire ; les mêmes raisons subsistent à l'égard de la séparation de biens contractuelle et sous le régime dotal, relativement aux biens paraphernaux.

Nous pourrions ajouter que ces raisons nous paraissent encore plus impérieuses dans ces deux dernières hypothèses ; car, si l'influence redoutable du mari sur les déterminations de la femme a fait édicter l'article 1450, pour la protéger, quand elle est judiciairement séparée de biens, à plus forte raison le législateur devait-il songer à protéger contre la même influence la femme séparée par contrat ou administrant elle-même ses paraphernaux. Nous sommes porté à croire, en effet, que la femme dans ces deux derniers cas subira bien plus souvent l'influence de son mari, que lorsqu'elle aura été forcée par sa mauvaise gestion à se faire séparer de biens judiciairement, pour éviter d'être ruinée.

CHAPITRE IV.

DES EFFETS SPÉCIAUX DE LA SÉPARATION DE BIENS JUDICIAIRE, SOUS LE RÉGIME DOTAL.

De la condition de la dot après la séparation de biens.

Durant les premières années qui ont suivi la promulgation du Code civil, on soutenait que la séparation de biens judiciaire avait pour effet, sous le régime dotal, de faire cesser l'inaliénabilité de la dot ; quand la séparation a lieu, disait-on, sous le régime de la communauté, elle lui substitue un régime nouveau ; pourquoi donc, prononcée sous le régime dotal, ne ferait-elle pas disparaître également tout ce qui caractérise ce régime, et par conséquent l'inaliénabilité de la dot ?

D'ailleurs, disait-on encore, ce qui prouve que tel est l'esprit de la loi, c'est la disposition de l'article 1561, qui décide que le fonds dotal devient prescriptible après la séparation de biens. Or, l'imprescriptibilité cessant, doit cesser aussi l'inaliénabilité qui était la cause de l'imprescriptibilité.

On argumentait encore de l'article 1563, ainsi conçu : « Si la dot est mise en péril, la femme peut » poursuivre la séparation de biens, ainsi qu'il est dit » aux articles 1443 et suivants. » Or, l'article 1449, d'après lequel la femme séparée peut, dûment autorisée, aliéner ses immeubles, se trouve compris dans la généralité de ce renvoi ; mais la doctrine et la jurisprudence ne se sont pas arrêtées devant ces arguments qui ne sont que spécieux.

Elles ont établi victorieusement que l'imprescriptibilité et l'inaliénabilité n'étaient pas des principes tellement liés l'un à l'autre, que, la première venant à cesser, la seconde dût disparaître en même temps.

L'article 1561, § 1, du Code civil, vient du reste trancher la question. Il résulte de cet article que l'imprescriptibilité ne s'applique pas aux immeubles dont la prescription (disons la possession) a commencé avant le mariage, et cependant on ne contesterait pas qu'ils deviennent inaliénables, comme tout autre fonds constitué en dot.

Quant aux derniers mots de l'article 1563, dont on a voulu tirer un argument, ils ne renvoient aux articles 1443 et suivants que pour indiquer à quelles conditions et dans quelles formes la séparation doit être prononcée, puis exécutée.

D'ailleurs, la séparation ne doit pas mettre fin à la protection dont la loi a environné la femme mariée sous le régime dotal ; et il y avait d'autant plus de raison de lui conserver, même séparée, cette garantie résultant de l'inaliénabilité de la dot, que la séparation de biens (sauf en cas de séparation de corps) ne détruit pas la vie commune et le devoir de cohabitation. La femme, sous quelque régime que ce soit, est toujours plus ou moins dépendante de son mari ; l'inaliénabilité de la dot doit donc persister. C'est bien ce que disait Portalis : « L'inaliénabilité n'existe et n'a de résultat » que pendant la durée du mariage ; elle s'évanouit » aussitôt qu'il est dissous. »

L'article 1554 est décisif, car il déclare formellement le fonds dotal inaliénable *pendant le mariage,* sauf les exceptions qu'il indique, et parmi lesquelles ne se trouve point mentionnée la séparation de biens.

Les immeubles dotaux ne peuvent donc être aliénés ou hypothéqués après la séparation de biens, que dans les cas prévus par les articles 1555 à 1559 du Code civil, et dans les conditions que ces articles nous indiquent.

Si le principe de l'inaliénabilité de la dot doit fléchir, après comme avant la séparation, dans les cas prévus par ces articles, il reçoit aussi quelques exceptions commandées par des lois spéciales, dans un intérêt supérieur à celui de la conservation de la dot; nous citerons, à titre d'exemple, l'expropriation pour cause d'utilité publique (loi de 1841, art. 13).

Le Tribunat avait admis avec une répugnance marquée l'inaliénabilité de la dot; aussi chercha-t-il à en atténuer les conséquences, en faisant déclarer les immeubles dotaux prescriptibles après la séparation de biens (art. 1561, deuxième alinéa).

De cette disposition de la loi, il résulte que la femme séparée, qui ne pourrait aliéner directement l'immeuble dotal, peut cependant en perdre la propriété en laissant s'établir contre elle une prescription. On peut répondre à cette objection que l'aliénation par prescription est moins à craindre que l'aliénation directe; car la femme a amplement le temps de réfléchir avant que le délai ne soit écoulé. Quoi qu'il en soit, puisque la loi parle, il faut bien s'incliner, car elle est souveraine : ainsi, dès que la séparation de biens a été prononcée, l'immeuble dotal, quoique restant inaliénable, devient prescriptible, comme le serait un bien paraphernal.

La femme, reprenant l'exercice de ses actions, ne peut désormais s'en prendre qu'à elle seule de l'accomplissement d'une prescription qu'elle pouvait interrompre.

Il faut cependant combiner ce principe avec deux autres règles de droit commun (art. 2256, deuxième alinéa, et 1301).

Quel est le point de départ et la durée de la prescription des actions révocatoires appartenant à la femme, lorsque l'immeuble dotal a été vendu, contrairement aux prohibitions de la loi (art. 1560)?

Si le mari a vendu seul l'immeuble dotal, l'aliénation est radicalement nulle, parce que le mari a vendu la chose d'autrui (art. 1599) : la vente est comme non avenue, et la femme a, pendant trente ans, une action en revendication. La durée de la prescription pourrait être cependant de dix ou de vingt ans, à cause de la bonne foi de l'acheteur. Mais la prescription ne courra contre la femme qu'après la dissolution du mariage, parce que, si elle agissait avant cette époque, son action réfléchirait contre son mari (art. 2256, 2°, et 1629, C. C.)

Si la femme a vendu seule l'immeuble dotal, l'aliénation est nulle pour deux raisons : l'une, que la femme non autorisée ne peut valablement contracter ; l'autre, que l'immeuble est dotal. La femme n'aura pas ici l'action en revendication, car l'immeuble a été vendu par son véritable propriétaire ; il n'y a donc à son profit qu'une action en nullité. Cette action pourra être exercée par la femme dès que la séparation de biens aura eu lieu. Mais la prescription de cette action ne pourra courir contre la femme qu'à partir de la dissolution du mariage (art. 1304).

Enfin, si le mari et la femme ont vendu conjointement l'immeuble dotal, la vente n'est ici annulable que pour un seul motif, qui est l'inaliénabilité de l'immeuble.

Pour savoir si la prescription pourra courir ici contre la femme séparée, il faut distinguer si le mari a garanti ou non la vente. Dans le premier cas, la prescription ne pourrait courir contre la femme pendant la durée du mariage, parce que son action réfléchirait contre le mari ; mais, dans le second cas, la prescription courrait à partir de la séparation de biens.

Pour déterminer la règle générale qui domine cette matière, nous ne pouvons mieux faire que de citer le principe exposé par un éminent jurisconsulte dans la *Revue française et étrangère*, tome VII, page 258 :

« Toujours la dotalité d'un droit immobilier, constitué selon le régime dotal, empêche, pendant le mariage, la validité de l'aliénation, ou de la renonciation expresse de la femme ; jamais, après la séparation de biens, la même qualité (c'est-à-dire la dotalité du droit immobilier) ne met obstacle à ce que ce droit se perde par l'effet de la prescription. »

L'administration de la femme, sous le régime dotal, après la séparation de biens obtenue, est établie selon les mêmes règles que si cette séparation avait été prononcée sous tout autre régime.

Donc, pour savoir quels sont les actes qu'elle pourra faire sans autorisation, et ceux, au contraire, pour lesquels elle devra être autorisée, on doit s'en rapporter à ce que nous avons déjà dit dans le cours de cette thèse.

Pour les gains de survie, l'article 1452 s'exprime ainsi : « La dissolution de la communauté opérée par la séparation de corps et de biens, ou de biens seulement, ne donne pas ouverture aux droits de survie de la femme ; mais celle-ci conserve la faculté de les exercer lors de la mort de son mari. »

— Les circonstances qui ont amené la séparation de biens ont pu se modifier. D'un autre côté, la cessation de cet état de choses est un retour au droit commun que la loi voit toujours avec faveur. Aussi, aujourd'hui, comme dans notre ancien droit, les époux sont-ils autorisés à rétablir, d'un commun accord, les clauses de leur contrat primitif. De là, l'article 1451 qui dit : « La communauté dissoute par la séparation, soit de corps et de biens, soit de biens seulement, peut être rétablie du consentement des deux parties.

Elle ne peut l'être que par un acte passé devant notaires, et avec minute, dont une expédition doit être affichée dans la forme de l'article 1415.

En ce cas, la communauté rétablie reprend son effet du jour du mariage ; les choses sont remises au même état que s'il n'y avait point eu de séparation, sans préjudice néanmoins de l'exécution des actes qui, dans cet intervalle, ont pu être faits par la femme, en conformité de l'article 1419.

Toute convention par laquelle les époux rétabliraient leur communauté, sous des conditions différentes de celles qui la réglaient antérieurement, est nulle.

Quoique l'article 1451 ne prévoie que le cas ou la communauté existait avant la séparation judiciaire, la règle qu'il édicte doit s'appliquer sous quelque régime que la séparation de biens ait eu lieu : le contrat primitif pourra donc être rétabli, sous les conditions de fond et de forme établies par la loi.

Si, pour être valable, le rétablissement doit être constaté par un acte passé devant notaires, et avec minute, la présence du second notaire n'est cependant pas exigée à peine de nullité (loi de 1813).

Pothier nous donne les motifs des formalités exigées; il fallait « éviter, dit-il, les contestations qui
pourraient s'élever, sur la suffisance ou l'insuffisance
des faits qui seraient allégués pour rétablir la communauté, et avertir tous ceux qui peuvent avoir des
affaires avec l'un ou l'autre des époux. »

POSITIONS.

DROIT ROMAIN.

I. Il y eut, dès l'origine, possibilité de mariage libre; mais, en fait, tous les mariages étaient accompagnés de *coemptio* et engendraient la *manus*.

II. Le mari a l'action d'injure pour l'offense faite à sa femme, lors même qu'il ne l'a pas *in manu*.

III. La *manus* produit ses effets spéciaux sur les biens, et non sur la personne de la femme.

IV. La fille de famille peut aussi valablement contracter que le fils de famille.

V. La loi *Julia* prohibait l'hypothèque du fonds dotal, lors même que la femme avait donné son consentement.

VI. Au temps de Justinien, le mari était encore déclaré propriétaire de la dot, mais la propriété véritable appartenait à la femme.

VII. A Rome, la dot mobilière était aliénable.

DROIT CIVIL FRANÇAIS.

I. La séparation de biens, conséquence de la séparation de corps, ne remonte pas au jour de la demande, comme le ferait la séparation de biens demandée directement.

II. La femme séparée ne peut pas, sans l'autorisation de son mari, placer ses capitaux en rente viagère.

III. L'obligation contractée par la femme sans autorisation doit être annulée, même en ce qui touche le mobilier et les revenus de la femme, si cette obligation n'est pas une suite de l'administration de ses biens.

IV. La femme séparée, qui s'est obligée pour l'administration de ses biens, peut être poursuivie, même sur ses immeubles.

V. La clause par laquelle les époux rétabliraient la

communauté, sous des conditions différentes du contrat primitif, rend nulle la convention entière.

VI. L'hypothèque légale de la femme ne s'étend pas sur les immeubles de communauté aliénés par le mari.

VII. La dot mobilière est aliénable en droit français.

VIII. Le droit d'aliéner le mobilier, dans la limite de l'administration, appartient à la femme séparée contractuellement.

IX. La prescription de l'action révocatoire contre l'aliénation de l'immeuble dotal, consentie par le mari et par la femme, commence en général à courir du jour de la séparation de biens.

X. La nullité d'une donation acceptée par la femme non autorisée ne saurait être invoquée par le donateur.

DROIT CRIMINEL.

I. L'accusé acquitté par le jury ne peut être poursuivi en police correctionnelle pour le même fait qualifié délit.

II. Le délai de la prescription de l'action publique court du lendemain et non du jour du délit.

DROIT DES GENS.

I. Les officiers publics étrangers ne peuvent pas conférer une hypothèque sur des immeubles situés en France, à moins qu'un traité international n'ait décidé le contraire.

II. Les jugements rendus en pays étrangers, soit entre étrangers, soit au profit d'un Français contre un étranger, sont exécutoires en France sans que le tribunal français ait à juger de nouveau la question.

Vu par le Président de la thèse,
J.-E. LABBÉ.

Vu par le Doyen,
G. COLMET DAAGE.

Permis d'imprimer :

Le Vice-Recteur de l'Académie,
A. MOURIER.

Typographie DEURBERGUE, boulevard de Vaugirard, 115.

Typographie DEURBERGUE, boulevard de Vaugirard, 115.

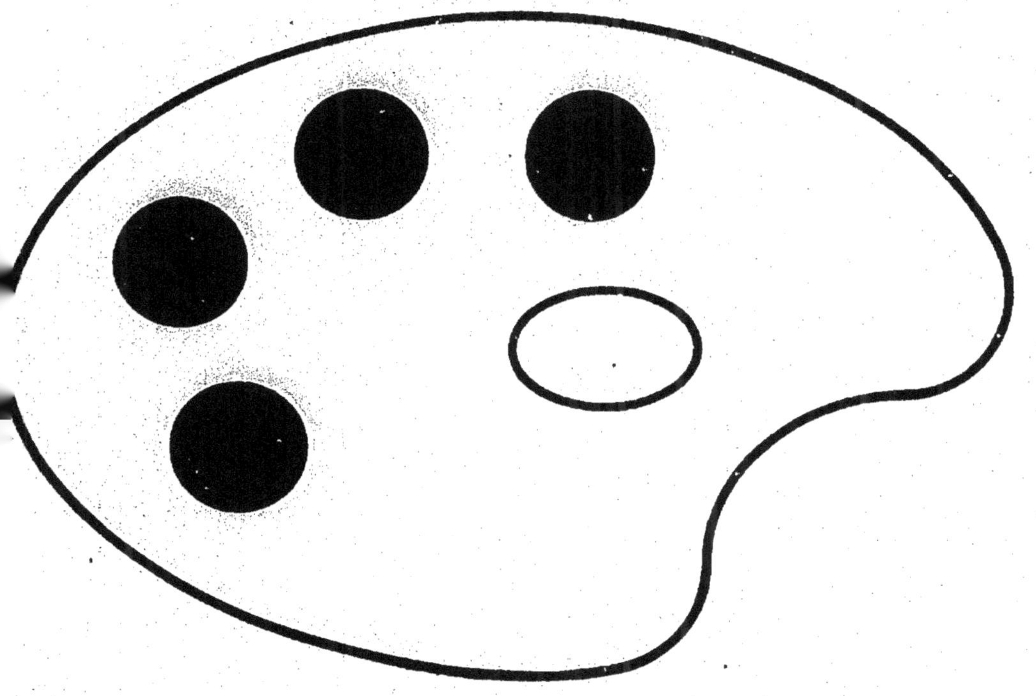

Original en couleur

NF Z 43-120-8

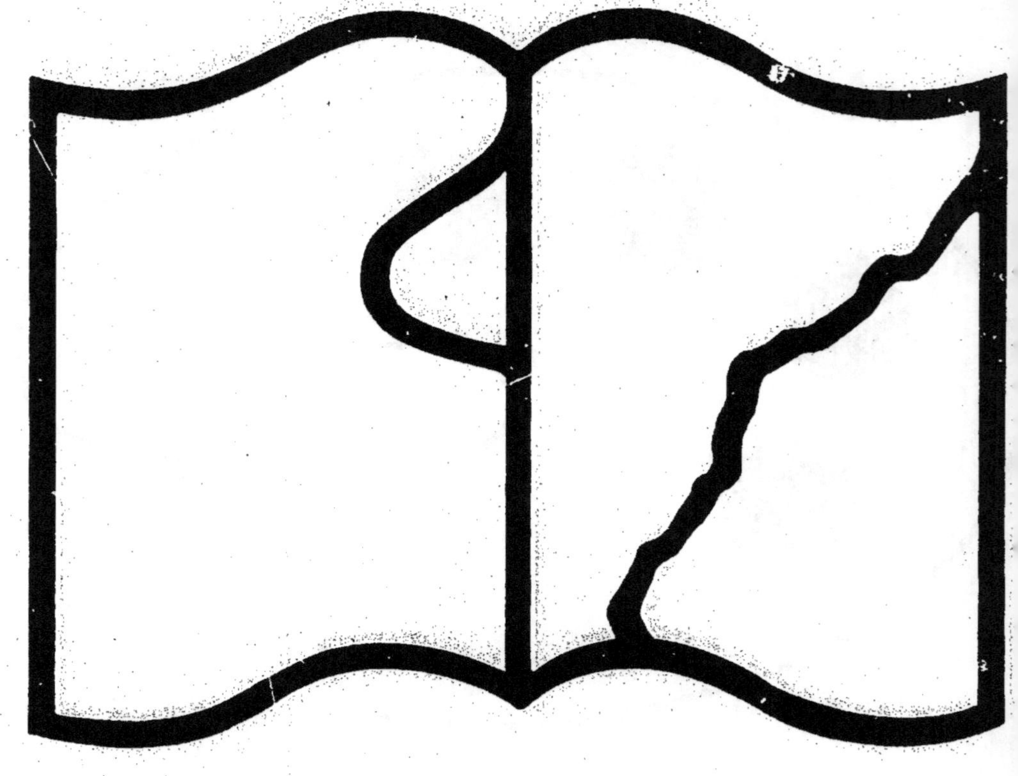

Texte détérioré — reliure défectueuse

NF Z 43-120-11

Contraste insuffisant

NF Z 43-120-14

www.ingramcontent.com/pod-product-compliance
Lightning Source LLC
Chambersburg PA
CBHW051539050726
47595CB00002B/565